Knaur

Kampf den Klimakillern

365 Tipps

wie Sie CO_2 reduzieren und Energie sparen

Knaur

Kampf den Klimakillern

365 Tipps wie Sie CO_2 reduzieren und Energie sparen

JOANNA YARROW

Originaltitel: **How to Reduce Your Carbon Footprint**

Originalverlag: Duncan Baird Publishers

Ein Unternehmen der Droemerschen Verlagsanstalt Th. Knaur Nachf. GmbH & Co. KG, München

Bibliografische Information der Deutschen Bibliothek
Die Deutsche Bibliothek verzeichnet diese Publikation in der Deutschen Nationalbibliografie; detaillierte bibliografische Daten sind im Internet über **http://dnb.ddb.de** abrufbar.

Projektleitung: Franz Leipold
Übersetzung: Manfred Wolf
Herstellung: Veronika Preisler
Redaktion und Satz: Print Company Verlagsgesellschaft m.b.H., Wien
Umschlagkonzeption: griesbeckdesign, München
Druck: Imago
Printed in Malaysia

ISBN 978-3-426-64608-3

5 4 3 2 1

Besuchen Sie uns im Internet:
www.knaur-ratgeber.de

Hinweis: Da es keinen standardisierten Zugang zur Berechnung des ökologischen Fußabdrucks gibt, können die Berechnungsgrundlagen zwischen den Angaben leicht variieren.

INHALT

SYMBOLSCHLÜSSEL

- Verhaltensänderung
- Kaufentscheidung
- Langfristige Amortisation
- Kurzfristige Amortisation
- Heimwerken
- Spezialist erforderlich
- Größere Veränderung

EINLEITUNG

Bis vor kurzem noch nahezu unbekannt, ist der Begriff »ökologischer Fußabdruck« heute kaum mehr zu umgehen. In einer Zeit cleverer Werbeslogans und rasch wechselnder Moden könnte man ihn für einen weiteren schrulligen Verkaufsgag halten. Dabei könnte er sich als das wichtigste Konzept unserer Zeit erweisen.

Der ökologische Fußabdruck ist die Menge an Kohlendioxid (CO_2), die als direkte oder indirekte Folge einer Aktivität ausgestoßen wird. Fast alle Tätigkeiten führen zu Kohlenstoffemissionen, vom Atmen über das Reisen bis zur Beheizung der Häuser oder dem Kauf von Lebensmitteln. Die Abbildung rechts zeigt einige Aktivitäten, die unseren ökologischen Fußabdruck prägen.

Der Begriff »ökologischer Fußabdruck« ist relativ neu, die dahinterstehenden Prinzipien sind es aber nicht. Dass Menschen und andere Lebensformen CO_2 ausstoßen und die Umwelt beeinflussen, ist altbekannt. Das Leben auf unserem Planeten war schon immer vom Kohlenstoff abhängig. Organische Materie enthält Kohlenstoff, der in ständigem Kreislauf abgegeben und aufgenommen wird. Neu ist nur das Ausmaß des menschlichen Einflusses, das ein Ungleichgewicht in der Biosphäre verursacht.

WO LIEGT DAS PROBLEM?

Treibhausgase wie Kohlendioxid in der Atmosphäre sind kein Problem *per se*. Sie sind sogar wichtig, denn sie wirken wie eine Decke, die die Sonnenwärme einfängt, ohne die es zu kalt wäre für Leben, wie wir es kennen. Probleme treten auf, wenn mehr Treibhausgase in die Atmosphäre gelangen, als durch natürliche Vorgänge aufgenommen werden können.

Seit dem Beginn der Industriellen Revolution wurde beim Verbrennen fossiler Brennstoffe (Kohle, Erdöl und Erdgas) CO_2, das im Verlauf von Jahrmillionen absorbiert worden ist, viel rascher freigesetzt, als es wieder aufgenommen werden kann. Zur Zeit wird **dreimal mehr CO_2 ausgestoßen, als wieder absorbiert werden kann. Pro Sekunde werden durch menschliche Aktivitäten weitere 700 Tonnen ausgestoßen – genug, um 140 Olympia-Schwimmbecken zu füllen**.

Die Treibhausgaskonzentrationen sind heute höher als in den vergangenen 800 000 Jahren und nehmen jährlich um 2,5 Prozent zu. Während sich eine Minderheit von Wissenschaftlern noch über Details streitet, ist die Mehrheit der einhelligen Meinung, dass der von uns Menschen ausgelöste Klimawandel tatsächlich stattfindet, und zwar weitaus rascher als vorhergesagt.

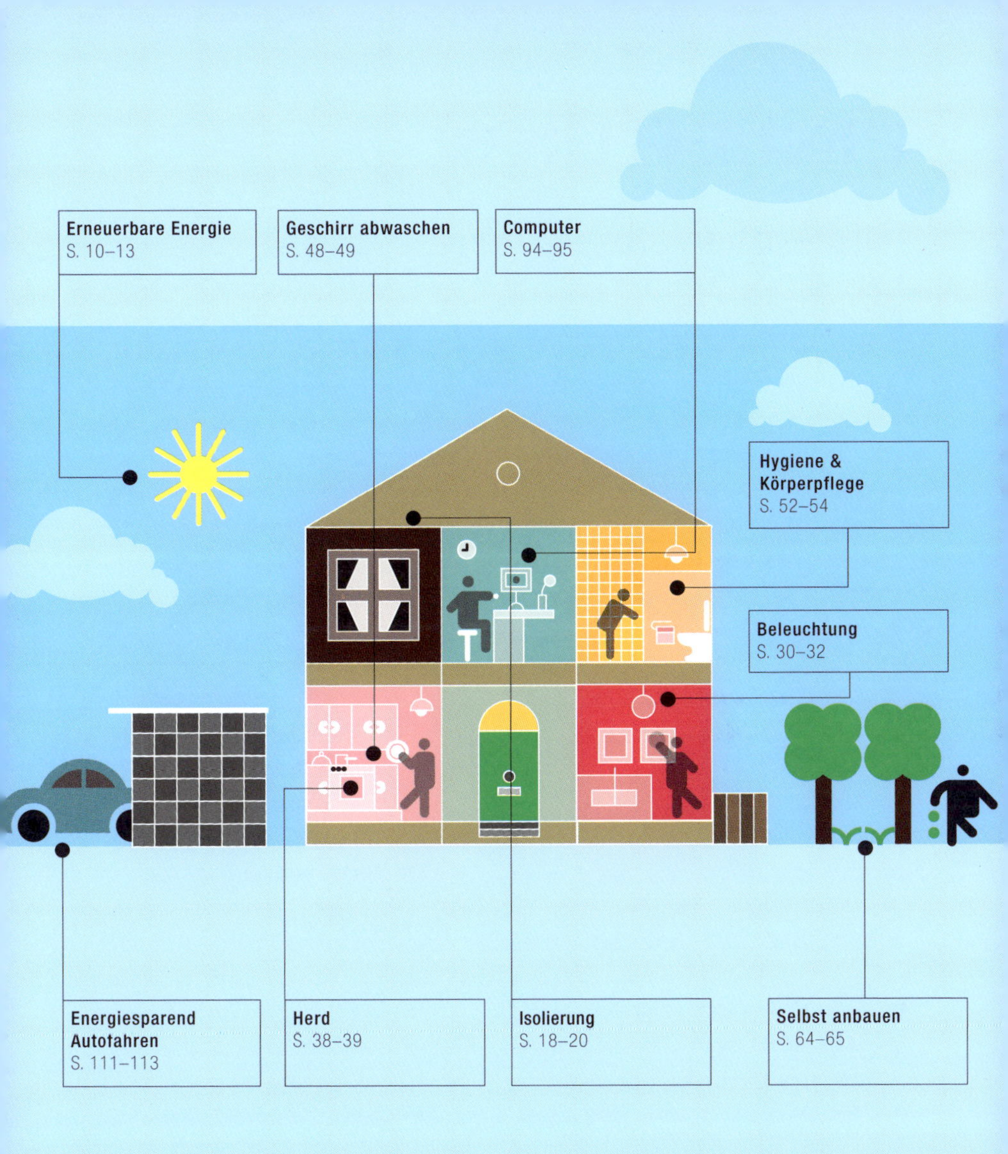
Erneuerbare Energie
S. 10–13
Geschirr abwaschen
S. 48–49
Computer
S. 94–95
Hygiene & Körperpflege
S. 52–54
Beleuchtung
S. 30–32
Energiesparend Autofahren
S. 111–113
Herd
S. 38–39
Isolierung
S. 18–20
Selbst anbauen
S. 64–65

In dem 2007 veröffentlichten vierten Bericht des Weltklimarats (IPCC), bestehend aus den weltbesten Klimaforschern, schätzt man, dass die globale Durchschnittstemperatur bis zum Jahr 2100 um 2,4 bis 6,4 Grad Celsius zunehmen wird. Das würde zur wärmsten Periode seit mindestens 100 000 Jahren führen.

Die durch höhere Temperaturen verursachten Probleme wirken sich bereits auf unser Leben aus. Unvorhersehbare extreme Wetterphänomene, Überflutungen, Abschmelzen von Schelfeis, Dürrekatastrophen, Ernteausfälle und Massenabwanderungen von Klimaflüchtlingen prägen die Schlagzeilen. Sie geben einen Vorgeschmack auf Szenarien, die uns erwarten, sofern wir nicht drastische Maßnahmen ergreifen, um die Bahn zu ändern, auf die wir unseren Planeten geschickt haben.

WER TRÄGT DIE SCHULD?

Weltweit stoßen Menschen ungeheuer große Mengen an CO_2 aus, manche jedoch mehr als andere. Der Durchschnittseuropäer produziert jährlich rund 10 Tonnen, der Durchschnittsamerikaner über 20 Tonnen, das ist mehr als das Fünffache des Weltdurchschnitts von 3,8 Tonnen. Im Gegensatz dazu liegt der durchschnittliche ökologische Fußabdruck in Afrika bei 0,7 Tonnen pro Person.

Beinahe jeder Aspekt des täglichen Lebens trägt zum ökologischen Fußabdruck bei, von der Beheizung und Beleuchtung unserer Häuser und Arbeitsplätze bis zum Energieverbrauch der Verkehrsmittel, die wir benutzen. Weniger offensichtlich, aber ebenso signifikant, tragen Produktion, Verarbeitung, Transport und Entsorgung der Güter sowie die Dienstleistungen, die wir in Anspruch nehmen, zu unserem ökologischen Fußabdruck bei.

WAS KÖNNEN WIR TUN?

Wir können und müssen unsere Kohlenstoffemissionen rasch und stark reduzieren, um das vorhergesagte Chaos abzuwenden. Berechnungen, die auf der Erdbevölkerung und der CO_2-Reabsorptionsfähigkeit des Planeten beruhen, weisen darauf hin, dass der Kohlenstoffkreislauf unter Kontrolle gebracht werden kann, wenn jeder Mensch einen persönlichen ökologischen Fußabruck von 1,5 Tonnen hat. Das sind gute Nachrichten, wenn man in Afrika lebt, aber für die meisten von uns würde das grundlegende Einschränkungen mit sich bringen.

Obwohl es wie ein unlösbares Problem erscheinen mag, dass fast alle Aktivitäten unseren ökologischen Fußabdruck vergrößern, gibt uns genau das die Möglichkeit, den Fußabdruck in allen Lebensbereichen zu verringern.

Auf der ganzen Welt streiten Regierungen darüber, wie man die Emissionen am besten regeln sollte, und die Wirtschaft beginnt allmählich Verantwortung zu übernehmen. Aber die Probleme sind enorm, der

Zeitdruck gewaltig, und die möglichen Konsequenzen unserer Untätigkeit sind so besorgniserregend, dass es zu grundlegenden Veränderungen kommen muss.

Jeder Einzelne kann viel zur Verminderung seines ökologischen Fußabdrucks beitragen – bei seinen täglichen Aktivitäten ebenso wie durch seinen Einfluss als Konsument, Wähler und Weltbürger.

KOHLENSTOFFAUSGLEICH

Die Idee, unsere Kohlenstoffemissionen »auszugleichen«, indem man anderswo versucht, den Ausstoß derselben Treibhausgasmenge zu vermeiden, wird immer beliebter. Eine wachsende Zahl von Organisationen bietet Dienstleistungen zur Unterstützung von Energiesparprojekten (z. B. Einbau von energiesparenden Glühbirnen), Nutzung und Entwicklung kohlenstoffarmer Energieerzeugung (z. B. Windfarmen) und Wiederaufforstungsprojekte an.

Der Kohlendioxidausgleich scheint ein guter Weg zu sein, um unseren ökologischen Fußabdruck zu verringern. Aber diese Möglichkeit klingt zu gut, um wahr zu sein: Die traditionelle Methode des Baumpflanzens zum Ausgleich der Emissionen hat mehrere Schwachstellen, nicht zuletzt aufgrund des geringen verfügbaren Platzes (**um den jährlichen CO_2-Ausstoß der britischen Hauhalte zu absorbieren, bräuchte man einen Wald, der 3,5-mal so groß ist wie London**). Andere Methoden basieren auf einem zeitlichen Rahmen, den wir uns nicht leisten können. Energieprojekte mit geringem Kohlenstoffausstoß können die Treibhausgase, die ein Flugzeug ausstößt, nur über einen langen Zeitraum hinweg ausgleichen, während die Emissionen des Flugzeugs die Atmosphäre unmittelbar belasten.

Wir müssen unseren ökologischen Fußabdruck dringend verringern. Der »Ausgleich« unvermeidlicher Emissionen durch die Investition in kohlenstoffarme Projekte, der Übergang zu einer energiesparenden Lebensweise und ein Wechsel zu biologisch erzeugten Produkten können dabei sehr nützlich sein.

ÜBER DIESES BUCH

Das Buch stellt keine einheitlichen Regeln auf, um den ökologischen Fußabdruck zu verringern. Jeder hat einen anderen Lebensstil und andere Interessen, und meiner Erfahrung nach führen zu viele Vorschriften nach kurzer Zeit oft zur Rebellion. Stattdessen zeigt dieses Buch, wie das Alltagsleben zu Ihrem ökologischen Fußabdruck beiträgt, und bietet Vorschläge zu dessen Verringerung an.

Ich hoffe, dass das Buch Ihnen hilft, Ihren Lebensstil zu verändern, dadurch Ihren Fußabdruck zu verringern und nebenbei auch Ihre Lebensqualität zu erhöhen.

Joanna Yarrow, Beyond Green
(www.beyondgreen.co.uk)

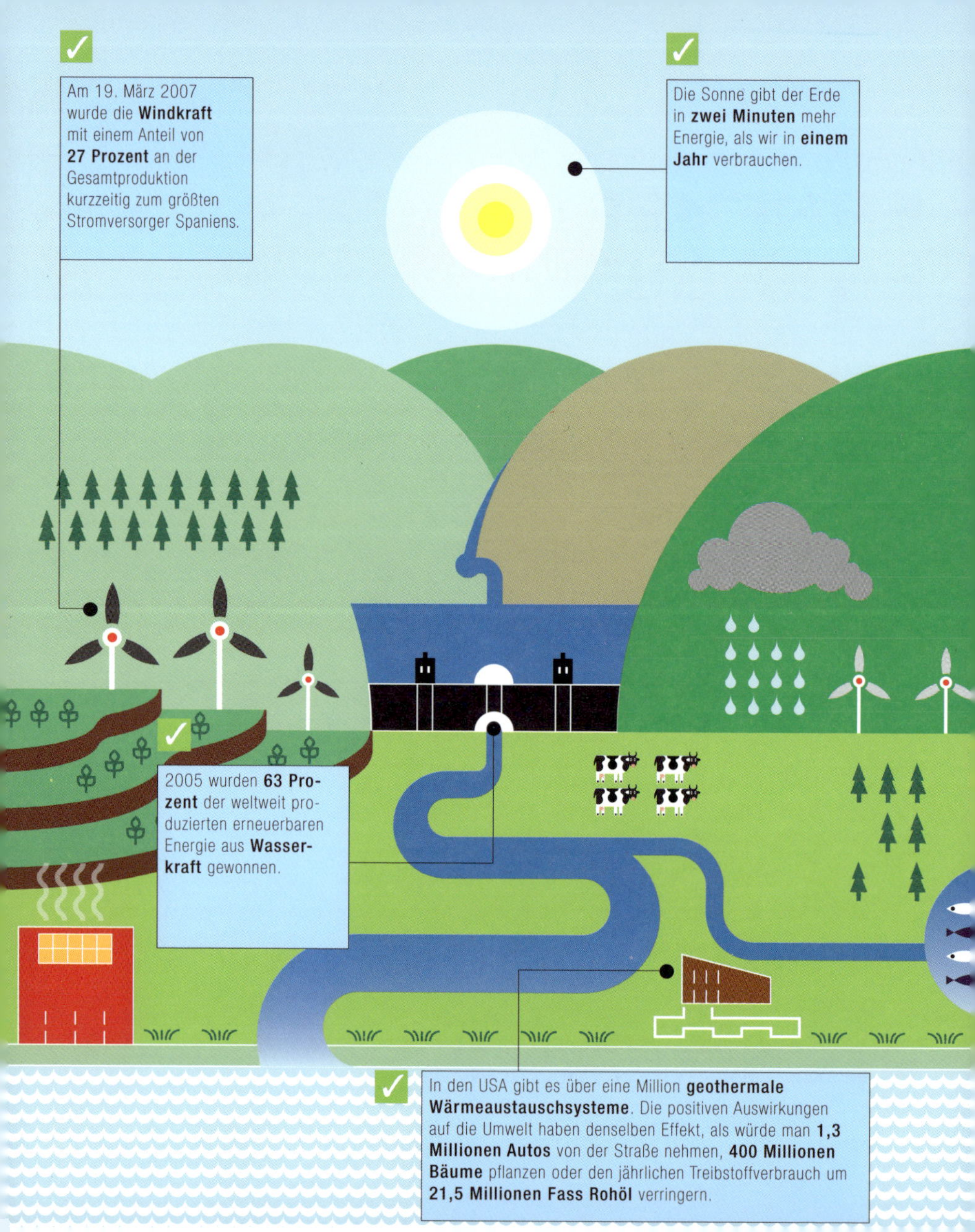
Am 19. März 2007 wurde die **Windkraft** mit einem Anteil von **27 Prozent** an der Gesamtproduktion kurzzeitig zum größten Stromversorger Spaniens.
Die Sonne gibt der Erde in **zwei Minuten** mehr Energie, als wir in **einem Jahr** verbrauchen.
2005 wurden **63 Prozent** der weltweit produzierten erneuerbaren Energie aus **Wasserkraft** gewonnen.
In den USA gibt es über eine Million **geothermale Wärmeaustauschsysteme**. Die positiven Auswirkungen auf die Umwelt haben denselben Effekt, als würde man **1,3 Millionen Autos** von der Straße nehmen, **400 Millionen Bäume** pflanzen oder den jährlichen Treibstoffverbrauch um **21,5 Millionen Fass Rohöl** verringern.

ERNEUERBARE ENERGIE

So sehr Sie Ihren Energieverbrauch auch rationalisieren, Sie werden immer Energie benötigen. Durch die Vorteile erneuerbarer Energie können Sie den ökologischen Fußabdruck Ihres Stromverbrauchs jedoch so gering wie möglich halten.

BRING MIR SONNENSCHEIN Die Solartechnologie macht sich die Energie der Sonnenstrahlen zu Nutze. Sonnenkollektoren brauchen nur das Tageslicht (nicht unbedingt direktes Sonnenlicht) und liefern auch an bewölkten Tagen Strom. Die Preise fallen rasch, und laut jüngsten Prognosen wird Solarenergie im Jahr 2010 gleich teuer sein wie Strom aus Kohleverbrennungsanlagen. Wenn Sie auf dem Dach Ihres Hauses Sonnenkollektoren installieren, können Sie Ihren Haushalt mit Strom versorgen. Falls die Investition für Sie zu groß sein sollte, **probieren Sie eines der vielen solarbetriebenen Geräte aus** – von Ladegeräten für Mobiltelefone bis zu Radiogeräten. So müssen Sie unter Umständen nie wieder Batterien kaufen.

WIND DER VERÄNDERUNG Der Preis für Strom aus Windenergie ist in den letzten 20 Jahren

WARUM BRAUCHEN WIR ERNEUERBARE ENERGIE?

Bis zum Jahr 2030 wird sich der globale Energieverbrauch mindestens verdoppeln. Die Internationale Energiebehörde sagt voraus, dass 80 Prozent der zusätzlichen Energie mit fossilen Brennstoffen (Kohle, Erdöl und Erdgas) abgedeckt werden kann. Setzt sich der Trend fort, werden die **Treibhausgasemissionen weltweit um 52 Prozent ansteigen**.

Inzwischen werden fossile Brennstoffe rarer, und die Energiepreise steigen rasch. In Großbritannien sind sie vor kurzem innerhalb eines Jahres um 30 Prozent gestiegen, und die Stromversorgung wird zu einer Quelle politischer Spannungen.

Erneuerbare Energiequellen werden mehr und mehr zu einer geschätzten Alternative. Sie sind nicht nur kohlenstoffneutral (ihr CO_2-Ausstoß ist unbedeutend), sondern um 90 Prozent gefallen und in manchen Gebieten erlebt die Technologie einen Boom. In Norddeutschland stammen über 20 Prozent des Stromverbrauchs aus Windenergie, und die Kapazität ist pro Jahr um 28 Prozent gestiegen. Mit einer kleinen Turbine könnten Sie die Stromrechnung um ein Drittel und den ökologischen Fußabdruck Ihres Haushalts um eine halbe Tonne CO_2 pro Jahr reduzieren. Falls Sie Überschuss produzieren, können Sie ihn an das nationale Elektrizitätsnetz verkaufen. Als Alternative **können Sie sich für einen Windenergietarif anmelden** oder **Anteile an einer Windfarm kaufen**.

WELLENKRAFT Auch die Energie der Meereswellen, Strömungen, Gezeiten und Temperaturunterschiede kann genutzt werden. Die meisten Technologien auf dem Gebiet befinden sich noch im Experimentierstadium, aber es gibt bereits Gezeitenkraftwerke. Australien, Portugal und Schottland zählen zur wachsenden Zahl der Länder, die in Technologien zur Nutzung der Meeresenergie investieren. Schottland wird 2008 das weltgrößte Wellenkraftwerk in Betrieb nehmen und 2000 Häuser mit Strom versorgen. Informieren Sie sich, und wenn Sie eine Möglichkeit zur

haben auch zahlreiche andere Vorteile. Die anfallenden Kosten sind gering und vorhersehbar, wodurch ein Wirtschaftschaos und Preisschwankungen vermieden werden. Erneuerbare Energiequellen sind auf der ganzen Welt zugänglich und weit weniger durch Terroranschläge gefährdet als herkömmliche Energiequellen.

Zurzeit nehmen erneuerbare Ressourcen nur einen Bruchteil der weltweiten Energieproduktion ein, aber Wind- und Solarenergie sind die am schnellsten wachsenden Energiequellen der Welt. Die Kosten zur Erzeugung von erneuerbarer Energie fallen mit der Entwicklung neuer Technologien rasch, die Produktion wird automatisiert, und mittlerweile werden mit Strom aus erneuerbaren Energiequellen bereits nennenswerte Gewinne erzielt.

Falls der Fortschritt auf diesem Sektor mit der derzeitigen Geschwindigkeit anhält, **könnten im nächsten Jahrzehnt mehr als eine Milliarde Menschen erneuerbare Energie nutzen**. Bis zum Jahr 2050 könnte ein Drittel bis die Hälfte der weltweiten Energieproduktion aus erneuerbaren Quellen stammen.

Nutzung kohlenstoffneutraler Energie gefunden haben, **unterstützen Sie alle Vorschläge zur Installation in Ihrer Wohngegend.**

ERDWÄRME Der Boden nimmt die Sonnenwärme auf und speichert sie. Beim geothermalen Wärmeaustausch wird ein unterirdisches Netzwerk aus Rohren angelegt, um die natürliche Erdwärme nutzbar zu machen und zur Beheizung oder (in umgekehrtem Vorgang) Kühlung von Gebäuden zu verwenden (siehe S. 22).

KRAFTWERKE Biomasse aus organischen Materialien (Pflanzen und industrielle oder landwirtschaftliche Nebenprodukte) hat ein großes Potenzial als erneuerbare Energiequelle. Sie kann zur Beheizung genutzt werden (siehe S. 21–22) oder als Treibstoff (siehe S. 118–119), obwohl für den Anbau nur eine begrenzte Fläche zur Verfügung steht.

STAUDÄMME Wasserkraft ist die am weitesten verbreitete Form erneuerbarer Energie. In den Industrieländern sind die günstigsten Plätze aber bereits ausgeschöpft, sodass Wasserkraft bald von den schneller wachsenden Sektoren der Wind- und Solarenergie überholt werden könnte.

WERDEN SIE ÖKOSTROM-KUNDE

Falls Sie nicht die Möglichkeit haben, zu Hause Ihren eigenen Strom zu erzeugen, können Sie den Energiebedarf Ihres Haushalts trotzdem mit erneuerbarer Energie decken. Beziehen Sie den Strom von einer der immer zahlreicher werdenden Elektrizitätsgesellschaften, die Strom aus erneuerbaren Energiequellen anbieten. Überprüfen Sie, ob diese wirklich in den Ausbau von Kraftwerken mit erneuerbarer Energie investieren, anstatt lediglich einen »grünen« Tarif anzubieten (der ziemlich bedeutungslos sein kann). Dann wird Ihr Heim an der globalen Offensive zu mehr erneuerbarer Energie teilnehmen.

Fossile Brennstoffe werden **100 000-mal** schneller verbraucht als gebildet.

1 SONNE UND SCHATTEN

Anstatt sich ganz auf mechanische Heizung und Kühlung zu verlassen, sollten Sie Sonne und Schatten nutzen, um angenehme Temperaturen zu schaffen.

ZIEHEN SIE KLETTERPFLANZEN auf der Sonnenseite des Hauses. Das Rankengerüst sollte mindestens 15 Zentimeter von der Wand entfernt sein.

PFLANZEN SIE BÄUME, die im Sommer Schatten spenden und die Winterwinde abhalten. Laubbäume bieten den zusätzlichen Vorteil, dass sie die Sonne im Winter durchscheinen lassen.

MONTIEREN SIE MARKISEN oder bewegliche Vordächer, um die Sommersonne abzuhalten. Helle Vorhänge und Jalousien helfen, die Aufheizung zu verringern. Lassen Sie diese im Winter tagsüber offen, um das Sonnenlicht einzulassen.

MALEN SIE DIE WÄNDE hell aus, wenn Sie in einem warmen, oder dunkel, wenn Sie in einem kalten Klima leben. Es gibt auch spezielle reflektierende oder absorbierende Dachanstriche.

NUTZEN SIE DIE SONNE

Traditionelle Bauweisen nutzten die Vorteile der örtlichen Umgebung und klimatischen Bedingungen. Dicke Wände halten die Sommerhitze ab und die Wärme im Winter zurück. **In heißen Klimazonen** wurden die Gebäude hell bemalt, um die Sonnenstrahlung zu reflektieren. Die Fenster waren relativ klein, und schattige, belaubte Vorgärten sorgten dafür, dass es im Inneren der Häuser kühl blieb. **In kalten Klimazonen** waren die Gebäude dunkel bemalt, um die Sonnenhitze zu absorbieren. Die Fenster waren nach Süden ausgerichtet und größer, um die Sonnenwärme auszunutzen.

Mit dem Aufkommen von Zentralheizungen und Klimaanlagen wurden die Grundlagen der passiven Heizung und Kühlung oft vernachlässigt, viele moderne Architekten kehren jedoch nun wieder zu diesem zeitlosen Wissen zurück.

Ein Haus muss nicht nach Süden ausgerichtet sein, um **von der Sonne passiv geheizt** zu werden. In einem Winkel von **30°** erhalten Häuser noch immer **90 Prozent der Sonnenwärme**.

Durch die Anlegung eines **»grünen Daches«** (S. 67) kann man die Aufheizung vermindern. Dachbegrünungen können die Heiz- und Kühlungskosten bis zu 50 Prozent reduzieren.

Schatten reduziert die Innentemperatur um bis zu **elf Grad Celsius** und verringert den Bedarf an mechanischer Kühlung durch Klimaanlagen.

Bis zur **Hälfte des Stromverbrauchs** von Wohnhäusern und Bürogebäuden **wird zur Heizung und Kühlung verwendet**.

Schwarze Oberflächen werden von der Sonne um **40 Grad Celsius stärker aufgeheizt als weiße oder silberfarbene Oberflächen.**

Dunkle Außenwände absorbieren **70 bis 90 Prozent** der **Sonnenenergie,** die auf ein Gebäude trifft.

Studien haben gezeigt, dass durch die Verbesserung der **Abdichtung** von Gebäuden **15 bis 30 Prozent** der Energiekosten eingespart werden können.

Glastüren um einen Kamin können den Wärmeverlust durch den Rauchfang um bis zu **50 Prozent** reduzieren.

Luftabdichtung kann den CO_2-Ausstoß eines Hauses pro Jahr um bis zu **150 Kilogramm** verringern.

Abdichtungen halten im Winter die warme Luft zurück. Im Sommer verhindern sie, dass **heiße Luft eindringt,** und verringern die Notwendigkeit einer Klimaanlage.

Beim Abdichten sollten Sie für **Entlüftung** sorgen, vor allem, falls Sie mit Gas und festen Brennstoffen heizen oder einen Boiler mit offener Flamme haben.

1

ZUGLUFT

In der Zugluft zu sitzen ist nicht nur ungemütlich, sondern auch ungeheuer verschwenderisch – 20 Prozent der Wärme entweichen durch undichte Ritzen.

PRÜFEN SIE IHR HEIM AUF ZUGLUFT Halten Sie eine Kerzenflamme in die Nähe der Fenster- und Türrahmen. Wo die Flamme flackert, gibt es einen Luftzug, der abgedichtet werden muss.

ABDICHTEN Verhindern Sie, dass die Wärme entweichen kann, indem Sie alle Türen, Fenster und Briefschlitze abdichten (siehe rechte Spalte). **Füllen Sie die Ritzen zwischen den Fußleisten und dem Boden** mit Silikondichtungsmasse oder passenden Holzleisten aus.

MACHEN SIE DIE TÜREN ZU, wenn die Heizung an ist, um jede Zugluft zu vermeiden.

VERSCHLIESSEN SIE DEN KAMIN mit einem Kamineinsatz. Er wird 30 Zentimeter über dem Kamin montiert und verhindert, dass die warme Luft durch den Rauchfang entweichen kann.

DAS UM UND AUF DES ABDICHTENS

Abdichten ist eine kostengünstige Möglichkeit, um unerwünschte Zugluft zu verhindern und die Heizkosten zu senken. Die meisten Dichtungsmaterialien sind mittlerweile in allen Heimwerkergeschäften erhältlich und relativ einfach zu montieren:

- **Kompressionsdichtungen**: selbsthaftender Schaum, Gummi- oder Schlauchstreifen, die um Fenster und Türen angebracht werden
- **Abstreifdichtungen**: weniger flexible Bürstenstreifen, die um Schiebefenster und -türen angebracht werden; sie erzeugen weniger Reibung als Kompressionsdichtungen
- **Dichtungsmaterial**: gewöhnlich Silikondichtungsmaterial (man kann aber auch andere Materialien verwenden wie Holzleisten) zum Ausfüllen der Ritzen.

1 ISOLIERUNG

Obwohl nicht so aufsehenerregend wie Sonnenkollektoren und Windturbinen, zählt die Anbringung einer Isolierung zu den wichtigsten Dingen, die Sie tun können, um den ökologischen Fußabdruck Ihres Hauses zu verringern.

ISOLIEREN SIE DEN DACHBODEN und verhindern Sie dadurch, dass ein Drittel der Heizenergie über das Dach entweicht. In kalten Klimaten sollte die Isolierung mindestens 270 Millimeter dick sein, um die Wärme drinnen und die Sommerhitze draußen zu halten. Isolierung kann den jährlichen CO_2-Ausstoß Ihres Hauses um 1,5 Tonnen verringern.

ACHTEN SIE BEIM EINKAUF VON ISOLIERMATERIAL AUF EINEN HOHEN R-WERT, ein Maß für die Wämeresistenz: Je größer der R-Wert, desto effektiver wird das Material verhindern, dass Wärme eindringen oder austreten kann.

ERSETZEN SIE ALTE FENSTER DURCH DOPPEL- ODER DREIFACHGLAS, um den Wärmeverlust bis zu 20 Prozent und den jährlichen CO_2-Ausstoß um bis zu 700 Kilogramm zu verringern. **Sie können**

WOZU DIENT EINE GUTE ISOLIERUNG?

Die richtige Isolierung spielt eine Hauptrolle bei der Verringerung des ökologischen Fußabdrucks eines Gebäudes. Sie hält die Wärme im Winter drinnen und im Sommer draußen, wodurch der Bedarf an Heizung oder Kühlung vermindert wird. Etwa die Hälfte des Wärmeverlusts eines typischen Wohnhauses entweicht über Wände und Dachböden. Bodenisolierungen, Doppelglasfenster, Luftabdichtungen (S. 16–17) sowie Tank- und Röhrenisolierung (S. 21–22) spielen des Weiteren eine wichtige Rolle bei der Temperaturregulierung Ihres Hauses. Isolierung bietet auch weniger offensichtliche Vorteile: Sie hält den Lärm draußen und verhindert die Schimmelbildung an Wänden und Decken.

Würde jedes britische Haus die **Dachbodenisolierung** auf 270 Millimeter aufstocken, könnte man mit der eingesparten Energie **640 000 Haushalte** beheizen.

Nicht isolierte **Vorhänge** können den **Wärmeverlust** durch die Fenster um ein Drittel **verringern**, isolierte Vorhänge um die Hälfte.

Zur Herstellung **natürlicher Isoliermaterialien** wird bis zu **zehnmal weniger Energie** benötigt als zur Herstellung synthetischer Materialien wie Fiberglas.

Ersetzt man sechs große Fensterscheiben durch **Doppelglasscheiben**, vermeidet man den Ausstoß von **4500 Kilogramm CO_2** pro Jahr und spart 250 Euro.

Die **Isolierung des Kellerbodens** kann den Wärmeverlust eines Hauses um bis zu **25 Prozent** senken.

Schafwolle ist nicht nur ein ausgezeichnetes Isoliermaterial, sondern **bindet auch Luftschadstoffe** wie Formaldehyd.

auch Wärmeschutzglas ausprobieren, das dieselbe Menge an sichtbarem Licht durchlässt wie gewöhnliches Glas. Es ist mit einer Schicht versehen, die die Weiterleitung der Wärmeenergie und den Wärmeverlust bei kaltem sowie die Aufheizung bei heißem Wetter verringert. Bei begrenztem Budget **kaufen Sie Sekundärverglasungsplatten**, die eine effektive Alternative zu neuen Fenstern darstellen, oder **versehen Sie das Glas im Herbst mit einem selbsthaftenden Isolierfilm,** den Sie im Frühling wieder entfernen.

MACHEN SIE ABENDS VORHÄNGE ODER JALOUSIEN ZU Dadurch wird die Wärme ebenso effektiv zurückgehalten wie durch eine zusätzliche Glasschicht. Vorhänge haben ein dickes Wärmefutter.

ISOLIEREN SIE DEN FUSSBODEN und versiegeln Sie die Ritzen zwischen den Bodenbrettern.

HOLEN SIE HILFE Viele Gemeinden gewähren Zuschüsse für Wand- und Dachbodenisolierungen.

NATÜRLICHE MATERIALIEN Verwenden Sie Isolierprodukte aus natürlichen oder wiederverwerteten Materialien wie Zeitungen, Wolle oder Hanf.

ISOLIERUNG DER AUSSENWÄNDE

Bis zu 40 Prozent des Wärmeverlusts eines nicht isolierten Hauses entweichen durch die Außenwände. Die Wahl des Isoliermaterials hängt davon ab, ob die Außenwände solid oder mit Hohlräumen ausgestattet sind:

- Um **Wände mit Hohlräumen** zu isolieren, bohren Spezialisten ein kleines Loch in die Wand, um das Isoliermaterial einzuspritzen und damit die Hohlräume auszufüllen. Der Wärmeverlust eines Wohnhauses kann dadurch bis zu 60 Prozent, und der CO_2-Ausstoß um eine Tonne pro Jahr verringert werden.
- Verkleiden Sie **solide Wände** mit einer dekorativen und witterungsbeständigen Isolierung. Dadurch kann ein Reihenhaus mit drei Schlafzimmern 2,5 Tonnen CO_2 pro Jahr einsparen. Die Kosten für die Isolierung werden sich in fünf bis sechs Jahren rechnen.
- Als Alternative können Sie auch **eine Innenisolierung anbringen**. Dazu können Sie Isolierlaminate aus Gipskarton, mit einer Isolierschicht versehene und mit Gipskarton bedeckte Holzlatten oder biegsame Isolierauskleidungen verwenden, die in Rollen erhältlich sind. Die letztgenannte Möglichkeit ist zwar die billigste, jedoch weniger wirksam.

BOILER

Ein bedeutender Anteil des Energiebedarfs unserer Haushalte wird für Heizung und Warmwasserbereitung verwendet. Der Boiler und seine Verwendungsweise spielen eine Hauptrolle bei der Verminderung des ökologischen Fußabdrucks.

JÄHRLICHER SERVICE Holen Sie das Beste aus Ihrem Boiler heraus, indem Sie einmal pro Jahr einen Service durchführen lassen. Nach zehn Jahren sollten Sie den Boiler durch einen neuen ersetzen.

KAUFEN SIE EINEN BRENNWERTKESSEL Wenn Sie einen neuen Boiler kaufen, beachten Sie, dass Gas-Brennwertkessel weitaus effektiver sind als herkömmliche Boiler. Sie sind mit einem Wärmeaustauscher versehen und nutzen die Hitze der Gasflamme, die sonst verloren geht. Sie haben eine Effizienz von 90 Prozent (verglichen mit den 60–70 Prozent bei herkömmlichen Boilern) und senken die Gasrechnung um 20 bis 30 Prozent.

ISOLIEREN SIE ROHRE UND BOILER. Dadurch verringern Sie den jährlichen CO_2-Ausstoß Ihres Hauses um 400 Kilogramm. Vergewissern Sie sich,

ERNEUERBARE WÄRMEQUELLEN

Selbst der effizienteste Boiler mit Öl- oder Gasflamme stößt eine beträchtliche Menge CO_2 aus. Heizungssysteme mit erneuerbaren Energiequellen stellen eine umweltfreundliche Alternative dar.

- **Solarwasserwärmer** fangen die Sonnenenergie mit Sonnenkollektoren ein. Je nachdem, in welchem Klima Sie leben, können Sie damit einen Großteil Ihres Warmwasserbedarfs decken.
- Bei den in Skandinavien weit verbreiteten **Kraft-Wärme-Kopplungsanlagen** werden Abfall, Hackschnitzel oder andere Biomasse in einem Kraftwerk verbrannt, um Strom zu erzeugen. Die anfallende Wärme wird in umliegende Wohnhäuser geleitet und zur Heizung oder Warmwasserbereitung verwendet. Durch den kombinierten Vorgang wird die Effizienz der Energienutzung beinahe verdoppelt.

dass die Isolierung der Rohre mindestens 2,5 und des Boilers mindestens 7,5 Zentimeter dick ist. Die Investition sollte sich nach sechs Monaten lohnen.

VERMEIDEN SIE LANGE LEITUNGEN Montieren Sie den Boiler dort, wo das Warmwasser am häufigsten gebraucht wird, um den Wärmeverlust durch lange Rohrleitungen zu vermeiden.

INSTALLIEREN SIE EINEN »TANKLOSEN« WASSERWÄRMER ODER EINEN VERBUNDKESSEL Die Geräte verbrennen nur Energie, wenn Warmwasser benötigt wird. Dadurch können Sie die Kosten für die Warmwasserbereitung halbieren.

MACHEN SIE EINEN ALLEINGANG Wenn Sie nicht in der Nähe einer Kraft-Wärme-Kopplungsanlage wohnen, können Sie in ein Modell für Wohnhäuser investieren. Es wird zwar mit Gas betrieben, senkt aber den Energieverbrauch bis zu 25 Prozent.

WENDEN SIE SICH DER SONNE ZU Wenn Sie in einer sonnigen Gegend leben, sollte ein Solarwasserwärmer im Sommer den gesamten und während des restlichen Jahres ein Drittel des Warmwasserbedarfs decken.

- Sofern das Brennmaterial aus gut bewirtschafteten Wäldern stammt, stellen **Holzöfen** eine erneuerbare und kohlenstoffneutrale Energiequelle dar. Traditionelle Kamine wurden seit jeher zur Heizung von Gebäuden verwendet, weisen jedoch meist nur eine Effizienz von 10 bis 30 Prozent auf. Moderne Öfen haben eine Effizienz von 85 Prozent und verbrennen Hackschnitzel, Pellets aus gepresstem Sägemehl, Rinde, landwirtschaftliche Ernteabfälle, Altpapier und andere organische Materialien.
- **Erdwärmepumpen** nutzen die Wärme unter Ihren Füßen. Dabei wird eine Flüssigkeit durch ein Netzwerk von Rohren geleitet, das im Boden vergraben ist. Die Flüssigkeit absorbiert die Erdwärme, die in heißes Gas zur Beheizung des Hauses umgewandelt wird. Erdwärmesysteme können in den Sommermonaten auch zur Kühlung von Häusern genutzt werden.

Durch die Installation eines Solarwasserwärmers können Sie Warmwasserkosten um **80 Prozent** verringern.

Hätte jeder britische Haushalt mit Gaszentralheizung einen **Brennwertkessel**, könnten mit der eingesparten Energie jährlich **3,7 Millionen Häuser** beheizt werden.

Die Installierung eines leistungsfähigen Boilers würde den jährlichen CO_2-Ausstoß eines Wohnhauses in kaltem Klima um **1,5 bis 2,5 Tonnen** verringern.

In den USA sind beinahe **80 Prozent aller Boiler an die 30 Jahre alt** und sollten längst ausgetauscht werden.

Erdwärmepumpen haben eine Effizienz von 300 Prozent: Für jede Elektrizitätseinheit, die die Pumpe verbraucht, liefert sie drei Wärmeeinheiten.

Ein durchschnittlicher **Solarwasserwärmer** vermindert den jährlichen CO_2-Ausstoß um rund **500 Kilogramm**.

In den westlichen Industrieländern werden **bis zu 60 Prozent des CO_2-Ausstoßes der Wohnhäuser durch Zentralheizungen** verursacht.

Wählen Sie einen Boiler, der mit kohlenstoffneutraler **Biomasse** betrieben wird. Dadurch können Sie den jährlichen CO_2-Ausstoß um **bis zu sieben Tonnen** senken.

✓

Wenn Sie den Thermostat um ein Grad Celsius zurückdrehen, senken Sie die Heizkosten um **10 Prozent** und den CO_2-Ausstoß Ihres Hauses um **300 Kilogramm**.

!

In den **1970ern** lag die durchschnittliche Innentemperatur eines Wohnhauses bei **14 Grad Celsius**. Bis zum Beginn des **21. Jahrhunderts** stieg sie auf **20 Grad**.

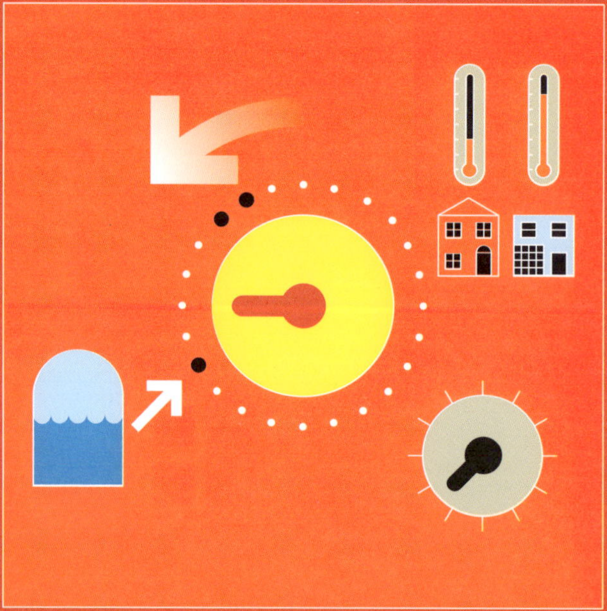

Senken Sie die Thermostattemperatur **wöchentlich um ein Grad Celsius** bis auf **16 Grad**, was für die meisten Menschen noch angenehm sein sollte.

✓

Wenn Sie **eine halbe Stunde vor dem Schlafengehen** die Heizung abdrehen, sinken die Heizkosten um **fünf Prozent**. Sie werden keine Temperaturabnahme spüren.

✓

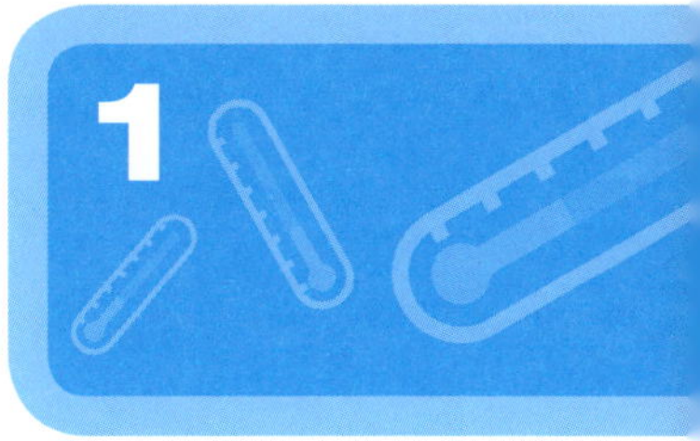

HEIZUNGS-REGLER

Heizungsthermostate sind oft versteckt montiert, können aber bei der Reduzierung des Kohlenstoffausstoßes Ihres Haushalts eine Hauptrolle spielen.

MONTIEREN SIE DEN THERMOSTAT AM RICHTIGEN ORT Bringen Sie ihn an einer Innenwand in einem der Hauptwohnbereiche an, damit er die Umgebungstemperatur genau messen kann. Befindet sich der Thermostat zu nahe an einer Wärmequelle (Elektroherd, Fernseher oder Lampe), wird er die Temperatur überschätzen. In einem kühlen Abstellraum wird er die Temperatur unterschätzen und Ihren Boiler anheizen.

HEIZEN SIE NACH BEDARF Beheizen Sie nur die Räume, in denen Sie sich aufhalten, und regeln Sie die Temperatur in jedem Raum getrennt.

VERBRÜHEN SIE SICH NICHT UNTER DER DUSCHE Sparen Sie Strom, indem Sie den Wasserthermostat auf 50 bis 60 Grad einstellen. Bei höheren Temperaturen müssen Sie Kaltwasser dazumischen, um die Temperatur erträglich zu machen.

KNÖPFE UND ANZEIGEN

Richtig verwendete Kontrollvorrichtungen können den Wärmeverlust Ihres Hauses um 15 bis 20 Prozent reduzieren. Sie brauchen folgende Geräte:

- Einen **Programmierer,** mit dem Sie die Zeiten einstellen können, in denen die Zentralheizung und die Warmwasserbereitung ein- oder ausgeschaltet sind.
- Einen **Raumthermostat**, der die Lufttemperatur misst und je nach Bedarf die Heizung ein- oder ausschaltet.
- Einen **Zylinderthermostat** (falls Sie einen Warmwasserzylinder besitzen), der die Temperatur des Warmwassers regelt.
- **Thermostatisch gesteuerte Heizkörperventile**, die die Raumtemperatur messen und den Heizkörper je nach Bedarf ein- und ausschalten.

Um die größtmögliche Effizienz zu erreichen, **montieren Sie einen programmierbaren Raumthermostat**. Damit können Sie verschiedene Temperaturen für unterschiedliche Tageszeiten wählen.

HEIZKÖRPER

Zentralheizungen sind für einen bedeutenden Anteil des ökologischen Fußabdrucks Ihres Hauses verantwortlich. Holen Sie das Beste aus Ihren Heizkörpern, indem Sie sie effektiv verwenden.

VERSTECKEN SIE DIE WÄRME NICHT Heizkörper brauchen Platz, um einen warmen Luftstrom zu erzeugen. Deshalb sollten sie nicht hinter Sofas oder Vorhängen versteckt sein, sonst erwärmen sich nur die Möbel, und die Räume bleiben kalt.

VERFEINERN SIE IHRE STRATEGIE Nur in jenem Raum, in dem sich der Hauptthermostat befindet, sollten sie kein thermostatisches Ventil am Heizkörper anbringen. Ist der Heizkörper bereits mit einem thermostatischen Ventil ausgestattet, stellen sie ihn auf höchste Stufe, damit der Boiler das Haus nicht überheizt, ehe der Thermostat bemerkt, dass es warm genug ist.

ENTLÜFTEN SIE DIE HEIZKÖRPER regelmäßig, um Luftblasen entweichen zu lassen und dadurch die bestmögliche Effizienz zu gewährleisten.

HINTER DEN HEIZKÖRPERN

Montieren Sie hinter jedem Heizkörper an der Wand (vor allem bei Außenwänden) eine wärmereflektierende Platte. Dadurch wird die Wärme in den Raum abgestrahlt, anstatt von der Wand aufgesogen zu werden. Spezielle Heizkörperplatten aus Aluminiumfolienlaminaten oder aluminiumbeschichteten Kunststoffen sind billig und einfach zu installieren. Sie können auch selbst ein Stück Karton mit Alufolie überziehen und hinter den Heizkörpern anbringen.

Montieren Sie fünf Zentimeter über den Heizkörpern **dünne Bretter**, um die Wärme in den Raum zu leiten.

Reflektierende Platten hinter den Heizkörpern können den CO_2-Ausstoß Ihres Hauses um bis zu **200 Kilogramm** pro Jahr **verringern**.

✓

Wenn Sie ein großes **Möbelstück** von einem Heizkörper wegschieben, können Sie die **Effizienz** des Heizkörpers um bis zu **20 Prozent erhöhen**.

✓

Heizkörper in den obersten Stockwerken eines Hochhauses sollten **öfters entlüftet werden**, weil warme Luft durch das Heizungssystem aufsteigt.

!

Ersetzen Sie die Klimaanlage durch einen Deckenventilator. Dadurch wird der Stromverbrauch von ein bis zwei Kilowatt pro Stunde auf den einer 100-Watt-Glühbirne sinken.

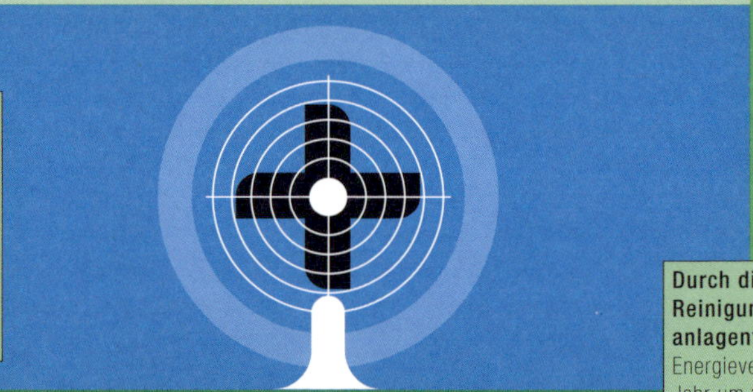

Die kanadische Stadt **Toronto** konnte ihren jährlichen CO_2-Ausstoß um rund **80 000 Tonnen** senken, indem sie das Wasser des Ontariosees zur Kühlung der Innenstadtgebäude nutzt.

Durch die regelmäßige Reinigung der Klimaanlagenfilter kann der Energieverbrauch pro Jahr um **fünf Prozent** und der CO_2-Ausstoß um 80 bis 160 Kilogramm gesenkt werden.

Häuser ohne Klimaanlage verbrauchen nur etwa **halb so viel Strom** wie Häuser mit Klimatisierung.

Klimaanlagen verbrauchen in den USA **ein Sechstel des Strombedarfs** und an heißen Sommertagen sogar 43 Prozent der US-Stromspitzenbelastung.

1

KLIMAANLAGEN

Mechanische Luftkühlung stellt eine große Umweltbelastung dar. Wegen der Klimaerwärmung werden alternative Methoden im 21. Jahrhundert eine wichtige Rolle spielen.

ZURÜCK ZUR BASIS Bevor Sie irgendein Luftkühlungssystem installieren, **sollten Sie die Isolierung** (S. 18–20) und **Luftabdichtung** (S. 16–17) **verbessern** und nach Möglichkeiten für **natürlichen Schatten** (S. 14–15) suchen. Auch ohne mechanische Eingriffe können diese Maßnahmen ein Gebäude kühl halten.

SORGEN SIE FÜR NATÜRLICHE ENTLÜFTUNG Öffnen Sie abends die Fenster, um kühle Luft einströmen zu lassen. **Schalten Sie** abends **auf dem Dachboden einen großen Ventilator ein**, um kühle Luft durch das Haus strömen zu lassen.

ZIEHEN SIE SICH ENTSPRECHEND AN Tragen Sie lockere Kleidung, um die Auswirkungen vieler Schichten auszugleichen, damit Sie keine Klimaanlage brauchen. Falls nötig, bringen Sie Ihren Arbeitgeber dazu, die Kleidungsvorschriften zu ändern.

VERWENDEN SIE KLIMAANLAGEN VERNÜNFTIG

Wenn Sie eine Klimaanlage besitzen, sollten Sie **die folgende Prüfliste** durchgehen, damit Ihr System möglichst energiesparend arbeitet:

- **Vergewissern Sie sich, dass das System die richtige Leistung** hat. Zu starke Systeme verschwenden Energie.
- **Versiegeln Sie die Leitungsrohre**, um die Leistung zu maximieren.
- **Reinigen Sie die Filter**, oder **tauschen Sie sie** regelmäßig **aus**.
- **Platzieren Sie die Klimaanlage fern von wärmeerzeugenden Geräten**, damit sie nicht unnötig arbeitet.
- **Schließen Sie Fenster und Türen**, wenn die Klimaanlage läuft, damit die gekühlte Luft nicht entweicht.
- **Verwenden Sie sie nur, um die Hitze erträglicher zu machen**, anstatt ein polares Mikroklima zu erzeugen.
- **Schalten Sie sie eine Stunde vor Verlassen des Hauses aus**.

BELEUCHTUNG

Ein großer Teil des Stromverbrauchs wird für Beleuchtung verwendet. Nutzen Sie das Sonnenlicht und die neuen Technologien, um Ihr Heim zu erhellen.

NUTZEN SIE DAS NATÜRLICHE LICHT Malen Sie die Wände in hellen Farben aus. Ziehen Sie die Vorhänge zur Seite und die Jalousien in die Höhe, um das Sonnenlicht hereinzulassen. **Vergewissern Sie sich, dass die Fensterscheiben sauber sind**. Falls Sie zu Hause arbeiten, **richten Sie Ihren Arbeitsplatz in einem Raum mit natürlichem Licht ein**.

LICHTSCHALTER Sollten Sie elektrisches Licht brauchen, vermeiden Sie den Kauf von altmodischen Glühbirnen, die äußerst ineffizient sind. Halogenlampen sind doppelt so leistungsstark wie Glühbirnen. Am effizientesten ist es, **alte Glühbirnen durch moderne Kompaktleuchtstofflampen mit niedrigem Stromverbrauch zu ersetzen**. Sie benötigen nur ein Viertel des elektrischen Stroms einer herkömmlichen Glühbirne und halten bis zu zehnmal länger.

EIN BLICK IN DIE ZUKUNFT

Noch effizienter, aber nicht so leicht erhältlich wie Kompaktleuchtstofflampen sind Leuchtdioden (LEDs; kleine, äußerst leistungsstarke Glühlampen). Sie halten sehr lange, weil sie keinen Glühdraht haben: ungefähr zehnmal länger als Kompaktleuchtstofflampen und 100-mal länger als herkömmliche Glühbirnen. Bis vor kurzem waren Leuchtdioden nur in Form spezieller Anwendungen bei elektronischen Anzeigen erhältlich. Sie werden mittlerweile aber immer öfter zur allgemeinen Beleuchtung verwendet.

Montieren Sie in einem Raum, der täglich vier Stunden beleuchtet wird, **eine Kompaktleuchtstofflampe**. **In einem Jahr wird sich die Anschaffung rechnen**.

Der weltgrößte Beleuchtungshersteller Philips plant im Jahr **2016** die **Herstellung von herkömmlichen Glühbirnen** in Europa und in den USA **einzustellen**.

Glühbirnen sind eine veraltete Technologie. Etwa **80 Prozent der zur Lichterzeugung benötigten Energie werden in Form von Wärme abgestrahlt**.

Ein **weltweiter Wechsel zu Kompaktleuchtstofflampen** würde den Stromverbrauch so weit senken, dass **wir 250 Wärmekraftwerke schließen könnten**.

Nicht benötigtes Licht abzudrehen könnte den jährlichen CO_2-Ausstoß Großbritanniens um 400 000 Tonnen senken (beinahe **sieben Kilogramm pro Einwohner**).

Würde jeder US-Haushalt **eine Glühbirne durch eine Kompaktleuchtstofflampe ersetzen**, könnte man die von **einer Million Autos erzeugte** Verschmutzung vermeiden.

In Australien wird der Verkauf von **herkömmlichen Glühbirnen 2010** eingestellt. Großbritannien plant, die alten Glühbirnen 2011 vom Markt zu verbannen.

Würde jeder britische Haushalt **drei Kompaktleuchtstofflampen** installieren, könnte man mit dem eingesparten Strom **alle Straßen des Landes beleuchten**.

SETZEN SIE PRIORITÄTEN Vielleicht ist es nicht möglich, alle Glühbirnen auf einmal zu ersetzen. Tauschen Sie zunächst die Glühbirnen in den am längsten beleuchteten Räumen aus. Die Energie, die zur Herstellung einer Glühbirne benötigt wird, ist verschwindend gering im Vergleich zur Energie, die sie verschwendet. Deshalb ist es sinnvoll, alte Glühbirnen zu ersetzen, ehe sie kaputt gehen.

DREHEN SIE DAS LICHT AB, wenn Sie es nicht brauchen. Bei neuen Häusern oder Zubauten sollten **die Lichtschalter in Türnähe angebracht** werden, damit Sie das Licht beim Verlassen der Räume einfach ausschalten können.

VERWENDEN SIE ARBEITSLAMPEN, um das Licht dorthin strahlen zu lassen, wo es benötigt wird.

WENN SIE DIE LAMPEN IN DEN ECKEN DER RÄUME ANBRINGEN, reflektieren sie mehr Licht als Lampen in der Mitte des Raumes.

HÄNGEN SIE NACHTLICHTER AN EINEN ZEITSCHALTER, falls Sie sie eingeschaltet haben müssen. **Sicherheitsaußenbeleuchtungen sollten mit Bewegungssensoren ausgestattet sein**.

LEITEN SIE DAS SONNENLICHT IN IHRE WOHNUNG

Sie können die Vorteile von Lichtröhren (Hohllichtleiter) nutzen, um das Sonnenlicht in die wenig beleuchteten Bereiche eines Gebäudes zu lenken. Die Innenflächen von Lichtröhren sind stark reflektierend. Sie wurden schon vor 4000 Jahren von den alten Ägyptern verwendet, die das Tageslicht über Lichtschächte und Spiegel bis in die Mitte der Pyramiden leiteten. Die modernen Gegenstücke sind einfach und relativ günstig: Das Sonnenlicht fällt in eine Kunststoffkuppel auf dem Dach oder an einer Außenwand. Auf dem Weg durch die Röhre wird das Licht verstärkt und danach durch eine undurchlässige Vorrichtung gestreut. **Lichtröhren bringen im Winter so viel Licht wie eine Lampe mit 100 Watt und an einem sonnigen Sommertag bis zu 500 Watt**.

ELEKTRO-GERÄTE

Moderne Wohnungen sind mit elektronischen Geräten vollgestopft – von Spielkonsolen bis zu Großbildfernsehern, die mehr Energie verbrauchen, als Ihnen bewusst ist.

ACHTEN SIE AUF DAS LABEL Wenn Sie ein neues Gerät brauchen, sollten Sie Energiesparmodelle kaufen. Halten Sie in der Europäischen Union nach dem Öko-Label Ausschau (Blume mit blauen Sternen, die ein grünes E umkreisen), in Großbritannien nach dem Energiespar-Logo und in den USA nach dem Energiestern-Logo.

SUCHEN SIE NACH INTEGRIERTEN GERÄTEN, wie zum Beispiel integrierten Digitalfernsehern (Fernseher mit eingebautem Digitalempfänger). Zur Herstellung solcher Geräte wird weniger Energie benötigt. Außerdem verbrauchen sie weniger Strom als zwei Einzelgeräte.

KAUFEN SIE EIN INTELLIGENTES NETZGERÄT mit der Aufschrift »-dV«. Sobald das Gerät aufgeladen ist, reduziert es den Stromverbrauch auf ein Minimum, anstatt weiter Strom zu saugen.

ES IST AN DER ZEIT, DEN AUSSCHALTKNOPF ZU DRÜCKEN

Wir haben in unseren Wohnungen mehr elektronische Geräte als je zuvor. Sie sind für einen großen Teil des Energieverbrauchs unserer Haushalte verantwortlich (**in Deutschland ungefähr 23 Prozent der durchschnittlichen Haushaltsstromrechnung**). Der Prozentsatz wird voraussichtlich weiter steigen. Laut Prognosen wird 2020 beinahe die Hälfte des Stromverbrauchs der Haushalte auf elektronische Haushaltsgeräte und Informations-/Kommunikationstechnologien fallen. Nicht nur der Energieverbrauch, sondern auch die Herstellung und der Transport der Geräte trägt zu einem unmäßigen ökologischen Fußabdruck bei.

Wir müssen dem Trend entgegenwirken, indem wir:

- weniger Geräte kaufen
- energiesparende Modelle auswählen
- die Geräte vernünftiger nutzen

SCHALTEN SIE GANZ AUS Fernseher, Videobeamer und andere elektronische Geräte können im Standby-Modus beinahe genauso viel Strom verbrauchen wie im eingeschalteten Zustand. Schalten Sie die Geräte mit dem Hauptschalter ab, wenn Sie sie nicht benutzen. Wenn Sie **mehrere Geräte an einen Stromverteiler hängen**, können Sie alle zugleich ausschalten.

VERWENDEN SIE KOHLENSTOFFNEUTRALE GERÄTE Halten Sie nach Produkten wie Radio- und Ladegeräten Ausschau, die mit Solarenergie oder Uhrwerk betrieben werden. Jährlich kommen neue kohlenstoffneutrale Geräte auf den Markt.

REDUZIEREN SIE DIE HELLIGKEIT des Fernsehbildschirms. Dadurch wird der Stromverbrauch um 30 bis 50 Prozent gesenkt. Die Fabrikseinstellung ist meist heller als nötig. Bei LCD-Fernsehern kann man die **Hintergrundbeleuchtung reduzieren**.

WÄHLEN SIE KLUG Falls Sie einen Fernseher kaufen, sollten Sie auf die Energieeffizienz achten. Rückprojektionsfernseher sind am effizientesten, gefolgt von LCD-Modellen. Kathodenstrahlröhren- und Plasmafernseher sind am ineffizientesten.

FÜHREN SIE BUCH ÜBER IHRE GERÄTE

Sollten Sie immer wieder darauf vergessen, die elektronischen Geräte auszuschalten, kann Sie ein Smart-Meter-Zähler daran erinnern. Die Digitalanzeige zeigt Ihnen, wie viel Strom Ihr Haushalt gerade verbraucht, wie viel CO_2 ausgestoßen wird und um wie viel die Stromrechnung steigt. Im Gegensatz zu konventionellen Messgeräten gibt es ein drahtloses Anzeigeteil, wodurch leichte Überwachung gewährleistet wird. Untersuchungen haben gezeigt, dass **der Energieverbrauch eines Haushalts durch die richtige Verwendung eines Smart-Meter-Zählers um bis zu 25 Prozent gesenkt werden kann**. Außerdem können Sie beim Verlassen des Hauses rasch überprüfen, ob Sie das Backrohr oder Bügeleisen auch wirklich ausgeschaltet haben.

Wenn Sie die Geräte mit dem Hauptschalter ausschalten, senken Sie die Stromrechnung um zehn Prozent.

!

Eine kalifornische Studie hat herausgefunden, dass in einem durchschnittlichen US-Haushalt ständig **19 Elektrogeräte** auf Standby geschaltet sind.

✓

Wählen sie einen kleinen Bildschirm
Ein Fernseher mit einem 20-Zoll-Bildschirm verbraucht zehnmal weniger Strom als ein Gerät mit einem 50-Zoll-Bildschirm.

✓

In den USA landen monatlich 40 000 kg CDs auf dem Müll. **Laden Sie Musik aus dem Internet herunter**, um der Verschwendung entgegenzuwirken.

!

Acht Prozent des Stromverbrauchs der britischen Haushalte fallen auf elektronische Geräte, die auf **Standby** geschaltet sind.

✓

Wenn Sie vier Stunden am Tag ein Aufziehradio anstatt eines 20-Watt-Modells verwenden, sparen Sie jährlich etwa zwölf Kilogramm CO_2 ein.

!

Zwischen 1972 und 2002 **hat sich der Stromverbrauch der britischen Haushalte verdoppelt**.

2 MOBILTELEFONE

Mobiltelefone werden immer mehr zu einem wichtigen Bestandteil des modernen Lebens, und die dafür benötigte Energiemenge wächst alarmierend rasch.

STECKEN SIE DAS LADEGERÄT AUS, wenn es nicht verwendet wird. Auch wenn kein Gerät angesteckt ist, verbrauchen viele Ladegeräte Strom.

WIDERSTEHEN SIE DER VERLOCKUNG, REGELMÄSSIG EIN NEUES GERÄT ZU ERSTEHEN Mobiltelefongesellschaften fordern uns ständig dazu auf, das neueste Modell zu kaufen. Vermeiden Sie diese Rohstoffverschwendung (und die Energie, die zur Herstellung benötigt wird), indem Sie ein Modell auswählen, das lange hält.

SCHENKEN SIE IHR ALTES TELEFON HER, wenn Sie wirklich ein neues brauchen. Mobiltelefone enthalten viele giftige Substanzen. Durch Recycling gelangen die Stoffe nicht auf die Mülldeponien. Außerdem spart man die Energie, die zum Abbau der Rohstoffe und zur Fertigung neuer Mobiltelefone benötigt wird.

WERDEN SIE EIN »CARBON HERO«

Dank einer genialen Erfindung mit dem Namen Carbon Hero™ (auf Dt. »Kohlenstoffheld«) werden Sie womöglich bald in der Lage sein, **mit dem Mobiltelefon die Spur Ihres durch Reisen verursachten ökologischen Fußabdrucks nachzuverfolgen**. Durch ein Signal vom Mobilfunkbetreiber kann ein schlüsselringgroßes Gerät die Wegstrecke, Geschwindigkeit und Art Ihrer Reise ermitteln. Auf der Digitalanzeige des Mobiltelefons können Sie den bei der Reise entstandenen ökologischen Fußabdruck ablesen (und die Anzahl der Guthaben, die Sie kaufen müssen, um ihn wieder auszugleichen; siehe S. 9). Wir haben unsere Mobiltelefone meist bei uns. Deshalb liefert der Carbon Hero™ genauere »Echtzeit«-Werte als Online-Berechnungstabellen, die darauf angewiesen sind, dass Sie Schätzwerte Ihrer täglichen Aktivitäten eingeben.

Ein **Ladegerät, das immer angesteckt ist**, verschwendet bis zu **95 Prozent** der verbrauchten Energie (sofern es kein DV-Ladegerät ist; S. 33).

Allein in Großbritannien landen jährlich **75 000** Mobiltelefone **in der Toilette**.

Stecken Sie das Ladegerät aus, wenn es nicht in Verwendung ist. Dadurch vermeiden Sie einen CO_2-Ausstoß von **sieben Kilogramm pro Jahr**.

In Großbritannien werden Handys durchschnittlich alle **18 Monate ausgetauscht**. Jährlich werden **15 Millionen** Geräte **entsorgt** und **fünf Prozent wiederverwertet**.

Ein Mobiletelefon enthält rund **30 chemische Elemente**, darunter Kupfer, Lithium, Blei und Chrom, die sich in Mülldeponien zu **giftigen** Substanzen verbinden.

Ladegeräte, die ohne angestecktes Mobiltelefon am Stromnetz hängen, können pro Stunde bis zu **fünf Watt** Strom verbrauchen.

HERD

Der Energieverbrauch von Herden kann sehr unterschiedlich sein. Es zahlt sich aus, bei der Anschaffung nach dem energiesparendsten Modell zu suchen.

WÄHLEN SIE EINEN GASHERD, der im Vergleich zu Elektroherden weniger als die Hälfte des CO_2-Ausstoßes pro Kilowattstunde erzeugt. Modelle mit **elektrischer Zündvorrichtung** verbrauchen um 40 Prozent weniger Gas als Geräte mit Zündflamme.

HALTEN SIE AUSSCHAU NACH EINEM UMLUFTOFEN Damit können Sie die Kochzeit um 30 Prozent und die Temperaturen um 20 Prozent verringern.

KOCHEN SIE AM HERD NUR, WENN ES NÖTIG IST Bereiten Sie kleine Speisen im Ofentoaster zu, der weniger als die Hälfte des Stroms verbraucht.

MIKROWELLE Mikrowellenherde können den Energieverbrauch stark reduzieren, vor allem beim Aufwärmen von kleinen Portionen oder Resten. Beim Auftauen gefrorener Nahrungsmittel sind sie aber äußerst ineffizient (S. 44).

SPASS IN DER SONNE

Bei einem **Solarofen** wird überhaupt kein Kohlendioxid ausgestoßen. Sie können damit in derselben Zeit backen, kochen und garen wie mit einem normalen Herd. Solaröfen sind die ideale Kochmöglichkeit bei einem Picknick oder Campingausflug, vor allem in Gegenden, in denen es verboten ist, offenes Feuer zu machen. Im Sommer kann man einen Solarofen im Garten aufstellen. Hybridversionen mit zusätzlicher energiesparender Stromspeisung machen auch das Kochen an wolkenverhangenen Tagen oder in der Nacht möglich.

In der EU werden fünf Prozent des **Strombedarfs der Haushalte** beim Kochen verbraucht.

Kochen Sie Ihre Mahlzeiten selbst: Bei der Herstellung von Fertiggerichten wird etwa 300-mal so viel Kohlenstoff ausgestoßen wie beim eigenen Kochen.

Die britische Durchschnittsfamilie verwendet ihre **Herdplatte** etwa **400-** und ihren **Backofen** etwa **200-mal** im Jahr.

Die **Zündflamme eines Gasherds verbraucht genauso viel Gas** wie das Kochen selbst. Eine elektrische Zündvorrichtung beseitigt diese Energieverschwendung.

Würden 10 000 Menschen ihr Essen in einem Mikrowellenherd aufwärmen, könnte man ein Jahr lang eine **Badewanne beheizen**.

Schalten Sie den Mikrowellenherd am Hauptschalter aus. Die digitale Uhr verbraucht in einem Jahr sonst beinahe so viel Strom wie das Gerät selbst.

!

Der **ökologische Fußabdruck einer gekochten Kartoffel** hängt mehr davon ab, ob Sie den Topf beim Kochen zudecken oder nicht, als wie und wo sie angebaut wurde.

!

Beim Kochen von **zehn Liter** Flüssigkeit erzeugt ein Kessel oder Gasherd ungefähr **ein Kilogramm** Treibgas.

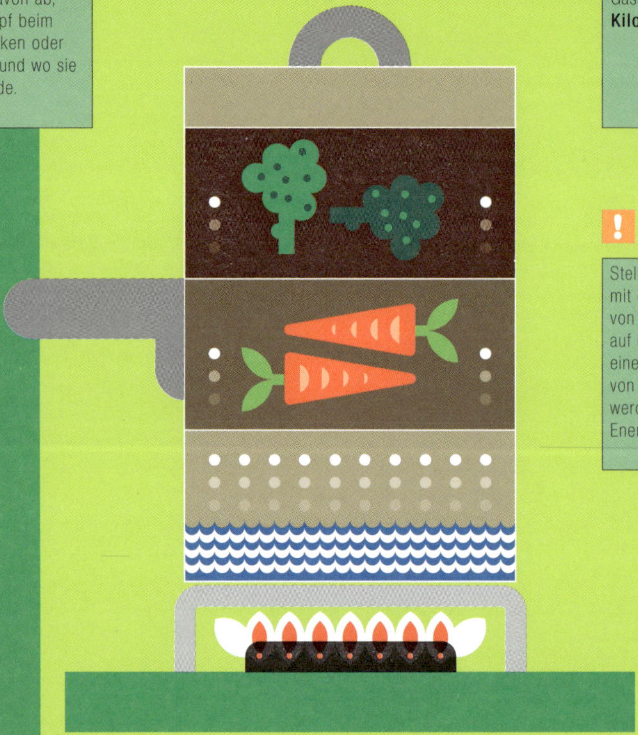

!

Stellt man eine Pfanne mit einem Durchmesser von **15 Zentimetern** auf eine Herdplatte mit einem Durchmesser von **20 Zentimetern**, werden **40 Prozent** der Energie verschwendet.

✓

Sie können den Stromverbrauch um bis zu **90 Prozent** reduzieren, wenn sie die **richtige Pfannengröße** verwenden und **Pfanne oder Topf beim Kochen zugedeckt lassen**.

✓

Halten Sie die Oberflächen der Kochgeräte **sauber und glänzend**, um sicherzustellen, dass die maximale Hitze auf das Essen, das Sie kochen, abgestrahlt wird.

3

KOCH-TECHNIKEN

Etwa fünf Prozent des Strombedarfs unserer Haushalte werden beim Kochen verbraucht. Ihre Kochkünste sollten die Energieressourcen nicht unnötig belasten.

KOCHEN SIE GRÖSSERE MENGEN Bereiten Sie genug Essen für mehrere Mahlzeiten vor, und frieren Sie die übrigen Portionen ein. Um Reste aufzuwärmen, benötigt man viel weniger Energie als zur Zubereitung einer neuen Mahlzeit.

VERWENDEN SIE KLEINE PFANNEN, denn dadurch verbraucht man deutlich weniger Energie.

GLEICHEN SIE DIE PFANNE AN DIE PLATTE AN Wenn die Pfanne die Kochplatte nicht vollständig bedeckt, entweicht die Hitze an den Seiten.

VERWENDEN SIE FLACHBÖDIGE PFANNEN, um maximale Wärmeübertragung zu gewährleisten.

ARBEITEN SIE IN STAPELN Kochen Sie in einem Dampfgarer mehrere Dinge übereinander, um so viel Energie wie möglich zu nutzen.

ES GEHT NICHT DARUM, WAS SIE TUN …

Es ist zwar wichtig, welche Geräte man zum Kochen verwendet (S. 38–39), aber die Art und Weise, wie wir kochen, übt einen weitaus stärkeren Einfluss auf den Energieverbrauch in der Küche aus. Eine Studie des amerikanischen »National Institute of Standards and Technologies« hat gezeigt, dass manche Menschen beim Kochen desselben Gerichts um bis zu 50 Prozent weniger Energie verbrauchen als andere.

Ein Zwei-Schlitz-Toaster verbraucht bis zu **dreimal weniger Energie** als der Grill in Ihrem Ofen.

SAGEN SIE FERTIGGERICHTEN ADE Wenn Sie wenig Zeit haben und nach einem Fertiggericht greifen müssen, probieren Sie doch ein Schnellbratgericht, das nur ein Viertel der Kochzeit und -energie braucht, wobei die Energie zur Herstellung des Fertiggerichts nicht eingerechnet ist.

HEIZEN SIE DAS BACKROHR NICHT VOR, sofern Sie kein Brot, Gebäck oder Soufflé machen. Es sollte schnell genug heiß sein, um die Kochzeit oder Qualität des Gerichts nicht zu beeinflussen.

LASSEN SIE ES SEIN Widerstehen Sie der Versuchung, die Backrohrtür zu öffnen. Dabei entweichen jedesmal bis zu 25 Prozent der Wärme.

DREHEN SIE EINIGE MINUTEN, BEVOR DAS GERICHT FERTIG IST, IHR BACKROHR AB Das Essen wird in der Hitze fertiggaren. Nach dem Herausnehmen sollten Sie die Tür offen lassen, um **Ihre Zentralheizung zu unterstützen**.

ALLES UNTER EINEM DECKEL Kochen Sie ganze Gerichte in einem Topf. Köstliche Paellas, Minestronen, Dhals und Kasserollen verbrauchen in einem Topf gekocht ein Drittel der Energie, die man beim Kochen in mehreren Pfannen benötigt.

ZEIT IST ENERGIE

Alles, was wir tun können, um die Kochzeit zu verringern, trägt allgemein zum Energiesparen bei. Versuchen Sie bei der Zubereitung Ihrer Mahlzeiten an folgende einfache, zeit- und energiesparende Techniken zu denken:

- **Decken Sie** beim Kochen **Töpfe und Pfannen zu**.
- **Zerschneiden Sie die Lebensmittel** in kleine Stücke.
- **Tauen Sie tiefgefrorene Lebensmittel** über Nacht **auf**, anstatt sie in gefrorenem Zustand zu kochen.
- **Bringen Sie das Wasser in einem Kessel zum Kochen**, und gießen Sie es danach erst in die Pfanne.
- Sofern Sie keine Suppe kochen, sollten Sie **nur so viel Wasser verwenden, dass die Lebensmittel bedeckt sind**.
- **Verwenden Sie einen Schnellkochtopf**. Durch den hohen Dampfdruck und die höheren Temperaturen wird die Garzeit verkürzt, und es werden 50 bis 70 Prozent weniger Energie verbraucht als bei einem gewöhnlichen Kochtopf.

Eine bemerkenswerte Ausnahme zum »Zeit ist Energie«-Prinzip ist die energiesparende Nutzung der **Nachheizphase**, die zum Kochen von Reis, Nudeln und Gemüse angewendet werden kann. Sobald das Wasser kocht, geben Sie die Lebensmittel in die Pfanne, decken sie zu und drehen den Herd ab. Das Essen wird in der verbleibenden Hitze fertigkochen, aber es wird um 50 Prozent länger dauern als üblicherweise.

KÜHLUNG

Kühl- und Gefrierschränke sind rund um die Uhr in Betrieb und für ein Viertel des Stromverbrauchs eines Haushalts verantwortlich. Verwenden Sie die Kühlgeräte so effizient wie möglich, damit sie nicht mehr kosten als nötig.

DER RICHTIGE ORT Stellen Sie Kühl- oder Gefrierschränke an kühlen Orten auf, fern von Herd, Boiler und Heizkörpern. Lassen Sie dahinter sechs Zentimeter Platz, damit die Luft zirkulieren kann. Dadurch können Sie den CO_2-Ausstoß Ihrer Kühlgeräte jährlich um bis zu 150 Kilogramm senken.

SAUBERE SPULEN Halten Sie die Spulen auf der Rückseite des Kühl- oder Gefrierschranks staubfrei. Dadurch wird die Leistung um 30 Prozent erhöht.

ÜBERPRÜFEN SIE DIE TEMPERATUR Kühlschränke müssen nicht kälter sein als drei bis fünf Grad Celsius (Gefrierschränke: –15 Grad). Investieren Sie in ein Thermometer für den Kühl- oder Gefrierschrank, falls keines eingebaut ist.

TAUEN SIE REGELMÄSSIG AB Ein vereister Gefrierschrank verbraucht viel mehr Strom.

KÜHLHALTEN OHNE STROM

Mit natürlichen Kühlmethoden können verderbliche Lebensmittel länger aufbewahrt werden, als Sie sich vorstellen können.

- **Bauen Sie Ihren Kühlschrank selbst**. Stecken Sie zwei unglasierte Keramikblumentöpfe unterschiedlicher Größe mit einer Schicht aus nassem Sand dazwischen ineinander. Halten Sie den Sand feucht, und decken Sie die Oberseite mit einem alten Handtuch ab. Der kleinere Topf sollte innen kühl bleiben, denn das verdampfende Wasser zieht die Hitze aus dem Topf heraus.
- **Verkleinern Sie die Kühlmenge**, indem Sie nur die Dinge, die wirklich kühl gehalten werden müssen, in einen kleinen Kühlschrank stellen. Die restlichen Lebensmittel können in einem Speiseschrank oder einer Speisekammer gelagert werden (mit einem Entlüftungsziegel in einer Außenwand, falls Sie in einer kühlen Klimazone leben).

ÜBERPRÜFEN SIE DIE DICHTUNG Stecken Sie ein Blatt Papier in den Türspalt. Fällt es heraus, sollten Sie Dichtungen und/oder Magneten austauschen, damit die kühle Luft nicht entweicht.

HALTEN SIE ORDNUNG IM KÜHLSCHRANK, damit Sie gleich finden, wonach Sie suchen. Beim Öffnen des Kühlschranks entweichen bis zu 30 Prozent der kühlen Luft. Je rascher Sie die Tür wieder zumachen, desto besser ist es.

REISEVORBEREITUNG Bevor Sie eine Reise antreten, sollten Sie den Kühlschrank so weit wie möglich leeren. Sollten einige Dinge bis zu Ihrer Rückkehr halten, drehen Sie die Leistung zurück. Ansonsten schalten Sie den Kühlschrank ganz aus.

ENTSORGUNG Normalerweise kann man durch Weitergabe von Elektrogeräten, die man nicht mehr braucht, Energie einsparen, die zur Herstellung neuer Produkte benötigt wird. Bei energiefressenden alten Kühl- und Gefrierschränken kann man dieses Prinzip jedoch nicht anwenden. Altersschwache Kühl- oder Gefrierschränke sollten **fachgerecht entsorgt werden**.

RICHTIGE KÜHLUNG

Sie können den Kühl- oder Gefrierschrank entlasten, indem Sie sich bewusst sind, welche Auswirkungen die Dinge, die Sie einkühlen, auf das Gerät haben. Hier sind einige Tipps, um die Leistungsfähigkeit zu maximieren:

- **Stellen Sie Lebensmittel erst in den Kühlschrank, wenn sie ausgekühlt sind**. Decken Sie sie mit einem Deckel oder Tablett zu. Dadurch verhindern Sie, dass die Lebensmittel austrocknen und die Feuchtigkeit an den Wänden des Kühl- oder Gefrierschranks kondensiert, wodurch der Stromverbrauch steigt und Sie das Gerät öfter abtauen müssen.
- Planen Sie im Voraus, damit Sie die Lebensmittel nicht auf dem Herd oder in der Mikrowelle auftauen müssen. Wenn Sie **tiefgefrorene Lebensmittel über Nacht im Kühlschrank auftauen**, hat der Kühlschrank weniger Arbeit.
- **Füllen Sie den Kühlschrank zu drei Vierteln und den Gefrierschrank ganz aus**. Dadurch kann beim Öffnen weniger Luft entweichen. Füllen Sie den Gefrierschrank mit Zeitungen aus, und legen Sie mit Wasser gefüllte Plastikflaschen in den Kühlschrank, falls Sie nicht genügend Lebensmittel haben, um die optimale Leistung zu gewährleisten.

Ungefähr **20 Prozent** des weltweit erzeugten Stroms werden **zur Kühlung verwendet**.

Am effizientesten ist es, wenn **Kühl- und Gefrierschrank übereinanderstehen** (**10 bis 25 Prozent weniger Stromverbrauch** als nebeneinanderstehend).

Das Ausstecken eines unbenutzten Gefrierschranks kann den CO_2-Ausstoß eines Haushalts um etwa **zehn Prozent senken**.

Gefrierschränke, die man manuell abtauen muss, verbrauchen weniger Energie als selbstabtauende Modelle (sofern sie regelmäßig abgetaut werden).

Eismaschinen und Kaltwasserspender können den Energieverbrauch eines Kühlschranks um bis zu **20 Prozent** erhöhen.

Neue, energiesparende Modelle verbrauchen im Vergleich zu einem zehn Jahre alten Gerät nur **ein Drittel des Stroms**.

!

In den USA werden täglich **30 Millionen** Kunststoffwasserflaschen weggeworfen.

✓

In britischen Pubs werden jährlich 600 000 Tonnen Glasflaschen weggeworfen. **Trinken Sie Fassbier**, um den Abfallberg nicht noch größer zu machen.

!

Für den Transport von **15 Liter in Flaschen abgefülltem Wasser** von Frankreich nach Großbritannien **wird ein Liter Diesel** verbraucht.

✓

Importiert man Wein in Fässern, und füllt man ihn erst am Bestimmungsort in Flaschen, kann man den ökologischen Fußabdruck um **40 Prozent** verringern.

Halten Sie die Kochzeiten kurz: Mit einem 2400-Watt-Kessel sparen Sie so viel Strom, als würden Sie **160** Energiesparlampen auf einmal austauschen.

!

In Skandinavien werden **wiederbefüllbare Plastikflaschen** verwendet. Bei einem **Flaschenrückgabeautomaten** bekommt man das Pfand zurück.

✓

In Flaschen abgefülltes Wasser kostet bis zu **10 000-mal** mehr als Leitungswasser.

!

Trinken Sie am Arbeitsplatz **aus einer Tasse** anstatt aus Wegwerfbechern. Dadurch vermeiden Sie einen jährlichen CO_2-Ausstoß von **60 Kilogramm**.

✓

GETRÄNKE

Woran Sie auch nippen, vergewissern Sie sich, dass Sie sich mit Ihrer Konsumation nicht einen übermäßigen ökologischen Fußabdruck aufhalsen.

KOCHEN SIE NUR SO VIEL WASSER WIE NÖTIG Füllt man den Kessel voll, um eine Tasse Tee zu machen, werden 125 Tassen CO_2 unnötig ausgestoßen. **Verwenden Sie einen Messbecher, um die erforderliche Wassermenge zu ermitteln.**

KAUFEN SIE IM SCHATTEN GEWACHSENEN KAFFEE, um Ökosysteme zu erhalten, die einen Teil des bei der Kaffeeproduktion erzeugten CO_2 aufnehmen.

TRINKEN SIE BIER AUS IHRER UMGEBUNG Es wird hervorragend schmecken und wurde nur wenige Kilometer transportiert.

VERSUCHEN SIE ÖKO-WEINE aus der näheren Umgebung. Dadurch sparen Sie Tausende Liter Benzin, Hunderte Kilogramm an aus Petroleum erzeugten Pestiziden und senken die Kilometerzahlen zum Transport des Weines.

LEITUNGSWASSER STATT WASSERFLASCHEN

Kühles Leitungswasser schmeckt beinahe wie Mineralwasser in Flaschen, kostet nur einen Bruchteil und wird verpackungsfrei durch ein Rohr ins Haus geliefert. Stellen Sie einen Krug mit Wasser in den Kühlschrank. Sollten Sie Bedenken über die Wasserqualität haben, investieren Sie in ein Filtersystem. Um unterwegs kein Wasser in Flaschen kaufen zu müssen, besorgen Sie sich eine kleine, robuste Trinkflasche, die sie immer wieder auffüllen können.

Pflanzen Sie Kamille oder Pfefferminze für **Kräutertees** selbst an, anstatt Teebeutel zu verwenden.

4

GESCHIRR ABWASCHEN

Abwaschen kann zur langweiligen Pflicht werden. Mit den richtigen Handgriffen können Sie den Abwasch rasch sowie energie- und wassersparend erledigen.

WASCHEN SIE MIT DER HAND Das Geschirr mit der Hand abzuwaschen ist energiesparender als einen Geschirrspüler zu verwenden. **Stöpseln Sie den Abfluss zu** oder **benutzen Sie eine Waschschüssel,** anstatt unter dem laufenden Wasserhahn abzuspülen. Um den Wasserverbrauch zu verringern, **installieren Sie** auf den Wasserhähnen **einen Wasserbelüfter**.

TAUCHEN SIE VERKRUSTETE PFANNEN in Seifenwasser, ehe Sie sie abwaschen oder in den Geschirrspüler geben. Auf diese Weise verbrauchen Sie insgesamt weniger Wasser und Strom.

WÄHLEN SIE EINEN WASSER- UND STROMSPARENDEN GESCHIRRSPÜLER mit der passenden Größe. **Wählen Sie ein Gerät mit Bodensensor aus,** der den Wasser- und Stromverbrauch auf den Verschmutzungsgrad des Geschirrs abstimmt.

SPÜLWEISHEITEN

Studien zeigen, dass ein Geschirrspüler energiesparender sein kann, als mit der Hand abzuwaschen. Aber wie bei vielen Dingen des Lebens hängt die Menge der eingesparten Energie vor allem von der richtigen Verwendung ab:

- Schalten Sie den Geschirrspüler erst ein, wenn er **vollgefüllt** ist, oder verwenden Sie den energiesparenden Spülgang.
- Waschen Sie das Geschirr mit möglichst **niedrigen Temperaturen**.
- **Schwemmen Sie das Geschirr vorher nicht ab**, sofern es nicht mit verbrannten Speiseresten bedeckt ist.
- **Säubern Sie regelmäßig den Filter** auf dem Boden der Maschine.
- **Lassen Sie das Geschirr natürlich trocknen** und öffnen Sie den Geschirrspüler, bevor er mit dem Trocknen beginnt.
- **Drehen Sie den Geschirrspüler ab**. Ein eingeschaltetes Gerät, das nicht in Betrieb ist, verbraucht 70 Prozent mehr Strom als der eigentliche Spülvorgang.

✓

Ein energiesparender Geschirrspüler verbraucht **40 Prozent weniger Energie** als alte Modelle. Dadurch sinkt der jährliche Kohlenstoffausstoß um **70 Kilogramm**.

✓

Falls Sie mit der Hand abwaschen, sollten Sie **das am wenigsten verschmutzte Geschirr zuerst waschen**, damit Sie das Wasser nicht so oft wechseln müssen.

✓

Ein Spülvorgang bei einer Temperatur von **55 Grad Celsius** verbraucht um **ein Drittel weniger Energie** als ein Spülvorgang bei **65 Grad**.

✓

Wenn Sie den Geschirrspüler **ökonomisch benutzen** und die Anzahl der Spülvorgänge halbieren, können Sie Ihren CO_2-Ausstoß um **100 Kilogramm** pro Jahr senken.

Vermeiden Sie Aerosolsprays, denn sie beinhalten einen verhältnismäßig hohen Anteil an Verpackungsmaterial und sind schwer wiederzuverwerten.

Schmutz ist gut für Sie! Untersuchungen haben gezeigt, dass Kinder, die in *zu* sauberer Umgebung aufwachsen, anfälliger sind für Allergien und Asthma.

Auf Straßen, die mit Bäumen gesäumt sind, gibt es bis zu zwei Drittel weniger Feinstaub in der Luft als auf Straßen ohne Pflanzenbewuchs.

Verwenden Sie zum Putzen von Wasserhähnen, Fenstern, Fußböden, Rohren etc. **Essig**, anstatt verschiedene spezielle Reinigungsmittel zu kaufen.

Kaufen Sie Reinigungsmittel in Großpackungen und füllen Sie sie in kleinere Behälter um.

REINIGUNGS-MITTEL

Die einfache Tätigkeit des Wohnungsputzes ist zu einem energieintensiven und mit Produkten beladenen Vorgang geworden, der die Umwelt unnötig belastet.

HALTEN SIE DEN DRECK DRAUSSEN Pflanzen Sie zwischen der Straße und Ihrem Haus Bäume oder eine Hecke an. Der Pflanzenbewuchs wird einen Großteil des Staubes auffangen.

BENUTZEN SIE SCHWÄMME UND LAPPEN anstelle von Papier- oder Wegwerfwischtüchern.

PROBIEREN SIE MIKROFASERTÜCHER, die in angefeuchtetem Zustand Staub und Schmutz auch ohne zusätzliche Reinigungsmittel aufnehmen.

WÄHLEN SIE PRODUKTE, DIE AUCH BEI NIEDRIGEN TEMPERATUREN WIRKEN, wie Bodenreiniger, die ihre Aufgabe mit kaltem Wasser erfüllen.

KAUFEN SIE KONZENTRIERTE PRODUKTE, um die Auswirkungen der Verarbeitung, des Transports und der Verpackung zu minimieren.

STAUBSAUGER

Ein Staubsauger verbraucht pro Stunde durchschnittlich zehnmal mehr Strom als ein Computer, weil die Energie großteils in Hitze umgewandelt wird. Verwenden Sie Ihren Staubsauger vernünftig, um seinen ökologischen Fußabdruck zu minimieren:

- Bei der Wahl eines neuen Staubsaugers sollten Sie **nach dem energiesparendsten Modell suchen**. Vergewissern Sie sich, dass es wiederverwendbare Staubsäcke hat. Noch besser wäre es, ein Modell ohne Staubsack zu kaufen.
- **Reduzieren Sie den Schmutz**, indem Sie auf beiden Seiten der Außentüren Matten auflegen und die Schuhe beim Betreten des Hauses ausziehen.
- Als kohlenstofffreie Alternative können Sie **Besen, Müllschaufel, Bürste und Teppichklopfer verwenden**.
- **Kompostieren Sie den Inhalt des Staubsaugers oder der Müllschaufel**, um die Methanemissionen der Mülldeponien zu verringern.

HYGIENE & KÖRPERPFLEGE

Ob Ihr Badezimmer nun ein luxuriöser Rückzugsbereich oder ein morgendliches Schlachtfeld ist, die Badegewohnheiten Ihres Haushalts weisen einen signifikanten ökologischen Fußabdruck auf, der auf einfache Weise verringert werden kann.

WECHSELN SIE VOM TÄGLICHEN VOLLBAD ZU EINER DUSCHE Eine Badewanne fasst 80 Liter Wasser, während bei einer fünfminütigen Dusche 30 Liter verbraucht werden. **Heben Sie sich die Badewanne für besondere Gelegenheiten auf**. Schenken Sie sich ein Glas Wein ein, verwenden Sie ein paar Tropfen Badeöl und sparen Sie Wasser, indem Sie die Wanne mit jemandem teilen …

DUSCHEN SIE KURZ Wenn Sie länger als fünf Minuten unter der Dusche stehen, werden Sie bald merken, dass Sie genauso viel Wasser verbrauchen wie beim Baden in der Wanne. **Verwenden Sie einen Duschwecker**.

VERMEIDEN SIE POWERDUSCHEN, bei denen bis zu 15 Liter warmes Wasser pro Minute aus dem Duschkopf strömen.

WC-TAKTIKEN

Der Vorgang des Aufsammelns, der Reinigung und der Verteilung von Leitungswasser hat einen signifikanten ökologischen Fußabdruck: rund **0,3 Kilogramm CO_2 je 1000 Liter Wasser**. Trotzdem benutzen wir Leitungswasser, als wäre es unbegrenzt vorhanden. Beinahe ein Drittel des Trinkwassers, das in einen durchschnittlichen westlichen Haushalt gelangt, wird die Toilette hinuntergespült. Um diese Menge zu verringern, beachten Sie die folgenden Tipps:

- **Geben Sie eine wassergefüllte Plastikflasche in den Spülkasten**, um die Wassermenge zu reduzieren. Oder verwenden Sie eine Wasserstopp- oder Spartaste, die diese Aufgabe erfüllen.
- Brauchen Sie eine neue Toilette, **kaufen Sie ein Modell, das mit wenig Wasser spült** oder das Spülvolumen auf die jeweilige »Ladung« abstimmt.

Eine Durchschnittsperson könnte im Verlauf ihres Lebens ungefähr 550 000 Liter Wasser sparen, **wenn Sie beim Zähneputzen den Wasserhahn zudreht.**

In den USA landen jährlich rund **zwei Milliarden Einwegrasierer auf der Mülldeponie**.

Europäer geben jährlich mehr für **Parfüm** aus, als es kosten würde, um die 2,6 Milliarden Menschen mit **sauberem Wasser** zu versorgen, die gegenwärtig keines haben.

Wenn Sie eine Wasserstopptaste für den Spülkasten verwenden, können Sie jährlich 5000 Liter sparen und den Ausstoß von 1,5 Kilogramm CO_2 vermeiden.

Rund ein Viertel des Energieverbrauchs eines durchschnittlichen Haushalts wird für die **Warmwasserbereitung** verwendet.

Wenn Sie täglich 20 Liter Warmwasser sparen, wird der Stromverbrauch pro Jahr um bis zu 700 Kilowattstunden und der CO_2-Ausstoß um 140 Kilogramm sinken.

MONTIEREN SIE WASSERBELÜFTER auf dem Duschkopf und den Wasserhähnen. Sie halbieren den Wasserfluss und mischen Luftblasen ins Wasser, vermitteln jedoch das Gefühl, normal nass zu werden. Eine vierköpfige Familie senkt den CO_2-Ausstoß um mehr als 200 Kilogramm pro Jahr, wenn sie zu einem Wasserspar-Duschkopf wechselt.

DREHEN SIE BEIM ZÄHNEPUTZEN DEN WASSERHAHN ZU Sie werden bei jedem Zähneputzen bis zu zehn Liter Wasser sparen.

HAARPFLEGE Sparen Sie am Morgen Zeit und verringern Sie den ökologischen Fußabdruck Ihrer Körperpflege mit einem einfachen Haarschnitt, der nicht täglich mit Haarföhn und Lockenstab bearbeitet werden muss.

RASIEREN SIE IHREN ÖKOLOGISCHEN FUSSABDRUCK WEG Verlängern Sie die Lebenszeit Ihrer Rasierklingen mit einem Rasierklingenschärfer, der den Verbrauch um bis zu 75 Prozent verringern kann. **Kaufen Sie einen wiederaufladbaren Rasierapparat** oder **verwenden Sie** am besten **ein Rasiermesser**. Wenn Sie es gut pflegen, wird es Ihnen ein Leben lang sanfte Rasuren bescheren.

- **Denken Sie darüber nach, ob Sie jedesmal**, wenn Sie die Toilette benutzen, **hinunterspülen müssen**.
- Um die Umweltbelastungen (und die finanziellen Kosten) zu vermeiden, die die Verwendung von aufbereitetem Trinkwasser in der Toilettenspülung mit sich bringt, **verbinden Sie die Toilette(n) mit einem Regenwassersammelbecken oder einem System, das »graues« Wasser** (Wasser, das in Spülbecken, Badewannen, Duschen oder der Waschmaschine benutzt wurde) **wiederverwertet**. Regenwasser und »graues« Wasser eignen sich perfekt zum Toilettenspülen.
- Sie könnten auch **Toiletten ausfindig machen, die die verschiedenen Abfälle trennen** und dadurch die Energie verringern, die benötigt wird, um »gelbes«, »graues« und »schwarzes« Wasser in Wasser mit Trinkqualität umzuwandeln.

WÄSCHE

Waschmaschinen und Wäschetrockner nehmen uns harte Arbeit ab, aber da sie sehr viel Strom verbrauchen, ist ihr ökologischer Fußabdruck sehr groß. Bei vernünftiger Verwendung wird Ihr Gewissen so rein sein wie Ihre Kleidung.

INVESTIEREN SIE IN EINE ENERGIESPARENDE MASCHINE, die den Stromverbrauch um ein Drittel verringern kann. **Halten Sie Ausschau nach einer Maschine mit hoher Schleuderzahl**. Dadurch wird das meiste Wasser aus den Kleidern entfernt, und Sie brauchen keinen Trockner.

WECHSELN SIE VON OBEN NACH VORNE Sollte Ihre Waschmaschine oben zu befüllen sein, wählen Sie beim nächsten Waschmaschinenkauf ein vorne befüllbares Modell. Zwar sind oben befüllbare Geräte leistungsstärker, aber vorne befüllbare Maschinen sind wasser- und energiesparender.

WEICHEN SIE STARK VERSCHMUTZTE WÄSCHE EIN, ehe Sie sie in die Waschmaschine stecken. Dadurch müssen Sie sie nicht so heiß waschen und können weniger Waschmittel verwenden.

BÜGELN

Sparen Sie Zeit und Energie, indem Sie nur Kleidungsstücke bügeln, die wirklich gebügelt werden müssen. Wenn Sie beim Bügeln statt der eingebauten Dampffunktion eine Sprühflasche mit Wasser verwenden, wird der Energieverbrauch des Bügeleisens deutlich gesenkt. Außerdem schonen Sie die Kleidungsstücke, die ein kühleres Bügeleisen brauchen. Sie können das Bügeleisen ausschalten und die Kleidungsstücke mit der verbleibenden Hitze flachdrücken.

Der durchschnittliche US-Haushalt wäscht rund **6000** Kleidungsstücke pro Jahr.

WASCHEN SIE NICHT SO OFT Spart man einen Waschvorgang pro Woche ein, verringert sich der jährliche CO_2-Ausstoß um 20 bis 30 Kilogramm. Warten Sie, bis die Kleider wirklich schmutzig sind (Aufhängen zwischen dem Tragen hält die Wäsche frisch). Warten Sie, bis die Maschine voll ist, um Wasser und Strom zu sparen.

WASCHEN SIE MIT NIEDRIGEREN TEMPERATUREN Waschvorgänge bei 30 Grad verbrauchen bis zu 40 Prozent weniger Strom, und die Kleider halten länger. Kaufen Sie Waschmittel, die bei niedrigen Temperaturen wirksam sind. Dadurch verringern Sie den CO_2-Ausstoß um 200 Kilogramm pro Jahr.

TROCKNEN SIE RICHTIG Wäschetrockner verbrauchen mehr Energie als andere Haushaltsgeräte und erzeugen pro Ladung über drei Kilogramm Treibgas. Sie sind zwar praktisch, sollten aber nur als letzter Ausweg benutzt werden. **Hängen Sie die Wäsche zum Trocknen auf** (wenn möglich draußen, damit sie frisch riecht). Wenn Sie einen Wäschetrockner verwenden, sollten Sie **mehrere Trockengänge hintereinander durchführen**, während die Trommel noch warm ist, und **den Fusselsammler regelmäßig säubern**.

WELTWEITE WASCH-GEWOHNHEITEN

Bis zu 90 Prozent der Energie, die zum Waschen von Kleidern benötigt wird, wird zur Erwärmung des Wassers verwendet. Die Temperatur des Waschvorgangs macht einen großen Unterschied aus für den ökologischen Fußabdruck.

Auf der ganzen Welt haben Menschen unterschiedliche Waschgewohnheiten. In Spanien werden 85 Prozent der Schmutzwäsche bei Temperaturen unter 40 Grad Celsius gewaschen, während es in Großbritannien nur 4 Prozent sind – die durchschnittliche Waschtemperatur liegt hier bei 43 Grad Celsius (doppelt so heiß wie in Japan), und es werden doppelt so viele Ladungen gewaschen wie in Deutschland. In den USA liegt die durchschnittliche Waschtemperatur bei 29 Grad Celsius, das ist um 13 Grad kälter als der europäische Durchschnitt.

!

Die durchschnittliche britische Waschmaschine wird **274-mal** pro Jahr verwendet.

✓

Durch die Benutzung einer **Wäscheleine** statt eines Wäschetrockners vermeidet man pro Jahr den Ausstoß von 600 bis 650 Kilogramm CO_2.

!

In den USA werden **in jeder Sekunde 1100 Waschvorgänge** gestartet.

✓

Würde jeder Brite seine Wäsche mit **30 Grad waschen**, könnte jährlich so viel Strom eingespart werden, um zehn Monate lang alle Straßen des Landes zu beleuchten.

!

In Großbritannien wird jährlich Strom im Wert von **210 Millionen Euro** verschwendet, weil die Schmutzwäsche mit unnötig hohen Temperaturen gewaschen wird.

!

Ein **Wäschetrockner** mit verstopftem Fusselsammler kann bis zu 30 Prozent mehr Strom verbrauchen als ein gut gewartetes Gerät.

✓

Vermeidet man die **Vorwäsche**, verringert sich der Stromverbrauch pro Waschvorgang um bis zu 15 Prozent.

✓

Wenn Sie ein neues Bügeleisen kaufen, suchen Sie ein Modell aus, das sich **selbst ausschaltet**, nachdem es 10 bis 15 Minuten nicht in Verwendung war.

Ein **Rasensprenger** verbraucht in einer Stunde so viel Wasser wie eine vierköpfige Familie an einem Tag.

Dank zahlreicher Kampagnen zum Wassersparen **wurde der Wasserverbrauch in Finnland in** den vergangenen 20 Jahren **um 40 Prozent verringert**.

Jeder Amerikaner oder Australier verbraucht im Durchschnitt täglich über **300 Liter** Wasser; jeder Europäer rund **150 Liter**; ein Gambier weniger als **5 Liter**.

Würde man das Regenwasser, das auf die Dächer fällt, sammeln, könnten bis zu **80 Prozent des britischen Wasserverbrauchs gedeckt werden.**

WASSER-VERWENDUNG

5

Wir verbrauchen von Jahr zu Jahr mehr Wasser. Die Energie, die zur Wiederaufbereitung benötigt wird, erzeugt einen signifikanten Kohlenstoffausstoß.

NUTZEN SIE DAS REGENWASSER Sammeln Sie das Regenwasser, das auf Ihr Dach fällt, indem Sie eine Tonne unter die Regenrinne stellen. Sie können das Wasser im Garten verwenden. Oder **installieren Sie ein Regenwassergewinnungssystem**, das Regenwasser zur Verwendung in der Toilette oder Waschmaschine sammelt und filtert.

VERWENDEN SIE WASSER ZWEIMAL mit einem WaterGreen™, einem Schlauch mit Handpumpe, der das Wasser aus dem Badezimmer zur nochmaligen Nutzung in den Garten oder in die Toilette leitet.

WASCHEN SIE DAS AUTO MIT REGENWASSER Können Sie kein Regenwasser verwenden, waschen Sie es mit Schwamm und Seifenwasser. Sollten Sie wirklich einen Schlauch brauchen, **montieren Sie einen Hahn**, um das Wasser zwischen den Spülungen abdrehen zu können.

BEWÄSSERUNG

Die Pflanzenarten, die wir in unserem Garten halten, und die Art und Weise, wie wir sie pflegen, haben einen großen Einfluss auf den Wasserverbrauch. Befolgen Sie diese wassersparenden Bewässerungstipps, und Ihr Garten wird bei jedem Wetter gedeihen:

- **Pflanzen Sie dürreresistente Arten.** Mediterrane Pflanzen wie Rosmarin, Lavendel und Salbei können lange Trockenzeiten überstehen.
- **Gießen Sie abends oder am frühen Morgen**, um die Verdunstung zu minimieren.
- **Verwenden Sie eine Gießkanne** statt eines Rasensprengers und **gießen Sie** die Pflanzen **an der Basis**.
- **Halten Sie das Gras lang** (mindestens vier Zentimeter), damit der Boden Schatten hat und nicht so schnell austrocknet.
- **Geben Sie Mulch um die Pflanzen**, um die Verdunstung zu vermindern, den Unkrautbewuchs zu verhindern und die Erde mit Nährstoffen anzureichern.

5

GARTEN

Für viele von uns ist Gartenarbeit die einzige Möglichkeit, regelmäßig in die Natur zu kommen. Außerdem kann sie Ihren ökologischen Fußabdruck verringern.

BENUTZEN SIE EINEN RECHEN statt eines Laubgebläses. Sie sparen Energie und stärken Ihre Arme.

MÄHEN SIE UMWELTFREUNDLICH und verwenden Sie statt eines Benzinrasenmähers ein elektrisches Modell (idealerweise mit Ökostrom; siehe S. 13) oder einen Handrasenmäher.

PFLANZEN SIE BÄUME, falls Sie Platz haben. Ein Baum absorbiert im Lauf seines Lebens über eine Tonne CO_2. Beim Verrotten gelangt ein Großteil davon wieder in die Atmosphäre (ein kleiner Teil bleibt im Boden zurück). Deshalb sollte er am Ende seines Lebens als Brennholz verwendet und an seiner Stelle ein neuer gepflanzt werden.

ZÜNDEN SIE KEIN LAGERFEUER AN, da dies CO_2 und andere Abgase freisetzt. Kompostieren Sie stattdessen Ihre Gartenabfälle (siehe S. 62–63).

HEIZEN SIE NICHT DEN HIMMEL

Terrassenheizstrahler zählen zu den unwirksamsten Energieverschwendern, trotzdem wurden sie in den vergangenen Jahren immer beliebter. Allein in Großbritannien wurden 1,2 Millionen verkauft. Um draußen nicht zu frieren, beachten Sie Folgendes:

- **Legen Sie sich Decken, Schals und Pullover zurecht.**
- **Verwenden Sie eine Kohlenpfanne.**
- Sollte Ihnen *noch immer* kalt sein, **gehen Sie ins Haus!**

Ein Rasenmäher mit Zweitaktmotor kann so viel Abgas erzeugen wie **40 Autos**.

✓

Die Bäume der Erde absorbieren jährlich **26 Millionen Tonnen** CO_2.

!

In den USA wird jährlich beim **Befüllen von Rasenmähern** genauso viel Erdöl verschüttet wie beim Tankerunfall der ***Exxon Valdez***.

✓

Vor kurzem haben zehn amerikanische Städte **Kampagnen zum Anpflanzen von Bäumen** gestartet, um die Temperaturen zu senken und CO_2 zu absorbieren.

!

Ein durchschnittlicher **Terrassenheizstrahler** erzeugt in zwei Stunden ebenso viel CO_2 wie ein Auto an einem Tag.

✓

Pflanzen Sie Bambus, denn er speichert mehr CO_2 und erzeugt um 35 Prozent mehr Sauerstoff als eine genauso große Fläche mit Bäumen.

!

Jeder Brite wirft pro Jahr durchschnittlich **85 Kilogramm Küchenabfälle** weg. Auf den Mülldeponien entstehen dadurch **27 Kilogramm** Methan und **71 Kilogramm** CO_2.

✓

In Dhaka (Bangladesch) **werden alle organischen Abfälle kompostiert**, die Methanemissionen um **1270 Tonnen** pro Jahr reduziert und so Arbeitsplätze geschaffen.

!

Ein **Viertel** der **Methanemissionen** Großbritanniens stammt aus **organischen Abfällen**, die auf **Mülldeponien** verrotten.

✓

Jährlich trennt der durchschnittliche Deutsche **100 Kilogramm Bioabfall** von seinem Restmüll. Damit liegt Deutschland europaweit auf **Platz 3** der Mülltrenner.

!

In jedem Jahr erzeugt Großbritannien so viele Gartenabfälle, dass man damit die Londoner Royal Albert Hall über **70-mal** füllen könnte.

✓

Kompostwürmer fressen täglich mindestens **die Hälfte ihres Körpergewichts** an organischer Materie.

!

Durchschnittlich bestehen rund **60 Prozent** unseres Haushaltsmülls aus **biologisch abbaubaren** Lebensmitteln, Gartenabfällen und Papier.

✓

Das Kompostieren organischer Abfälle könnte Ihren jährlichen CO_2-Ausstoß um **300 Kilogramm senken**, was einer **Autofahrt von 1200 bis 1600 Kilometern entspricht**.

5

KOMPOSTIEREN

Auf Mülldeponien zersetzen sich organische Abfälle ohne Sauerstoff, wodurch Methan freigesetzt wird, das 21-mal schlimmere Auswirkungen hat als CO_2. Kompostieren verhindert dies und erzeugt natürlichen Dünger zur Bodenaufbereitung.

KOMPOSTIEREN SIE SELBST Kaufen Sie einen Komposteimer oder basteln Sie ihn selbst: ein mit altem Teppich oder Plastikfolie bedeckter Holzrahmen, der Feuchtigkeit und Wärme zurückhält.

RÜSTEN SIE IHRE KÜCHE MIT EINEM BOKASHI-EIMER AUS Der geniale japanische Komposter kann mit fast allen Essensabfällen umgehen (auch gekochten Lebensmitteln, Fleisch, Fisch und Milchprodukten) und braucht kaum Platz. Es dauert nur wenige Wochen, um organische Abfälle in Komposterde und Flüssigdünger für Zimmerpflanzen umzuwandeln.

STELLEN SIE EINEN KOMPOSTER AUF, der Kompostwürmer enthält, die organische Materie in Biohumus umwandeln. Dieser ist eine ausgezeichnete natürliche Pflanzennahrung.

KOMPOSTIERUNGSTIPPS

Beachten Sie folgende Ratschläge, um beim Kompostieren beste Resultate zu erzielen:

- **Geben Sie annähernd gleiche Mengen an stickstoffreicher »grüner« Materie dazu** wie Pflanzen, Blätter, Gras, Gemüse und Früchte **sowie kohlenstoffreiche »braune« Materie** wie Karton, Papier und Zweige.
- Zusätzlich zu den oben aufgelisteten Materialien **können Sie** Sägespäne, Brot, Eierschalen, Teebeutel, Kaffee und Filterpapier, Haare, Fussel, Stallmist und Staubsaugerbeutel **kompostieren**.
- **Kompostieren Sie nicht:** große Äste, lackiertes Holz, Sperrholzsägespäne, bemaltes oder beschichtetes Papier, Fleisch, Fisch, Milchprodukte, kranke Pflanzen oder Abfälle und Kot von fleischfressenden Haustieren.
- **Drehen Sie den Kompost alle paar Wochen um**, damit er gut verrotten kann, ohne dabei Methan zu produzieren.

5

SELBST ANBAUEN

Neben dem Kauf von lokalem, biologisch produziertem Saisonobst und -gemüse können Sie selbst anbauen. So sparen Sie viele Transportkilometer, Verpackung und Geld, erhalten den natürlichen Geschmack und verbinden sich wieder mit der Erde.

BAUEN SIE BIOLOGISCH AN Vermeiden Sie chemische Dünger und Pestizide sowie die bei ihrer Herstellung erzeugten Treibhausgase.

LEGEN SIE EINEN MIKROGARTEN AN Ziehen Sie Kräuter am Küchenfenster, Salatblätter in Blumenkästen oder Tomaten in Tüten mit Komposterde.

PFLANZEN SIE OBSTBÄUME AN Sie können eine reiche Ernte an biologischen Früchten erhalten, und die Bäume absorbieren beim Wachsen CO_2.

ZIEHEN SIE IHRE EIGENEN BLUMEN Dadurch vermeiden Sie den CO_2-Ausstoß der Gewächshäuser und langer Flugtransporte. Pflanzen Sie Knollen an, beschneiden Sie langlebige Büsche oder ziehen Sie heimische Wildblumen, die nur minimale Bewässerung und Aufmerksamkeit brauchen.

FALLS SIE KEINEN EIGENEN GARTEN HABEN ...

Halten Sie Ausschau nach einer **Gartenkolonie** oder einem **Gemeinschaftsgarten** in der Nachbarschaft. Mit wenigen Arbeitstunden pro Woche könnte sich die Art und Weise, wie sich Ihre Familie ernährt, grundlegend verändern.

Gibt es diese Möglichkeit nicht, oder möchten Sie lieber nicht allein für die Gartenfrüchte verantwortlich sein, suchen Sie nach einem **Landwirtschaftsgemeinschaftshof** in Ihrer Umgebung. Dort können Sie entweder in Form einer finanziellen Investition oder persönlicher Mitarbeit für einen Anteil an der Ernte in einen landwirtschaftlichen Betrieb einsteigen. Sie können Ihre Lebensmittel aber auch direkt am Bauernhof kaufen oder z.B. durch Gemüsekiste-Systeme beziehen (S. 72).

✓

Selbstangebaute Produkte können unmittelbar nach dem Pflücken gegessen werden, wenn Sie **am nahrhaftesten** sind.

✓

Ein einziger **Apfelbaum** kann 20 Jahre hindurch pro Saison 500 Äpfel tragen.

✓

In den USA wurden während des Zweiten Weltkriegs **»Siegesgärten«** angelegt, die 40 Prozent des Konsums der amerikanischen Zivilisten abdeckten.

!

Wöchentlich werden in den USA 1,2 Billionen Liter Wasser zur Rasenpflege verbraucht. Damit könnten **30 Mio. Hektar mit biologischem Gemüse** bebaut werden.

Etwa **65 Prozent der Schnittblumen**, die nach Deutschland importiert werden, kommen auf dem **Luftweg** aus Afrika und Lateinamerika.

!

Ziehen Sie Ableger, anstatt neue Pflanzen zu kaufen. Dadurch sparen Sie Geld, vermeiden lange Transporte und Berge von Plastiktöpfen.

✓

Bauen Sie Mini-Gewächshäuser für die Sämlinge, indem Sie die Böden von Plastikflaschen abschneiden.

✓

Mittlerweile gibt es auf der ganzen Welt **Landwirtschaftsgemeinschaftshöfe**, davon 9 in Deutschland (2008).

✓

!

Bei der Herstellung einer Tonne **Zement** werden 700 Kilogramm CO_2 ausgestoßen. Fünf Prozent unserer CO_2-Emissionen gehen auf das Konto der Zementproduktion.

✓

Hemcrete® absorbiert Kohlenstoff. Das Material nimmt pro Kubikmeter 110 Kilogramm CO_2 auf.

Holz erzeugt pro Kubikmeter 800 Kilogramm weniger CO_2 als dieselbe Menge an anderen Baumaterialien.

✓

Machen Sie aus der **Wiederverwertung** eine Kunst. Sie sparen Geld, wertvolles Material landet nicht auf dem Müll, und das Bauprojekt erhält eine **einzigartige Note**.

✓

Eine Schule in Sheffield, England, wurde fernab aller offiziellen Richtlinien mit 4000 **Recyclingjeans »überisoliert«**.

✓

Bei **Wiederverwertung von Stahl** spart man pro Tonne 1,5 Tonnen Eisenerz, 0,5 Tonnen Kohle, 75 Prozent Energie und 40 Prozent Wasser ein.

✓

5

BAU-MATERIALIEN

Egal, ob Sie begeisterter Heimwerker sind oder Ihr Traumhaus in Auftrag geben, versuchen Sie die Energie, die beim Bauen verbraucht wird, zu minimieren – verwenden Sie Materialien mit kleinem ökologischem Fußabdruck.

HOLZ IST GUT Ersetzen Sie andere Baumaterialien, wo es möglich ist, durch Holz. Bäume absorbieren nicht nur CO_2, sondern Holz verbraucht bei der Verarbeitung im Vergleich zu anderen Baumaterialien die wenigste Energie, verursacht den geringsten CO_2-Ausstoß und ist ein guter Isolator. Verwenden Sie **nachhaltig produziertes Holz**.

VERMEIDEN SIE ZEMENT, denn es zählt zu den energieintensivsten Produkten am Markt. Falls Sie Beton oder Zement verwenden müssen, versuchen Sie Hemcrete®, eine sehr gut isolierende Alternative aus Leim und Hanf.

STROHHAUS Verwenden Sie kohlenstoffneutrale isolierende Strohballen, die in Holzrahmen gestapelt zu Gebäuden werden und bis zu dreimal energiesparender sind als traditionelle Modelle.

BEGRÜNEN SIE IHR DACH

Immer mehr Menschen schaffen »grüne Dächer«, indem Sie sie bepflanzen. Grüne Dächer stellen eine ausgezeichnete Isolierung dar. Pflanzen absorbieren die Sonnenstrahlen und halten sie davon ab, ins Gebäude einzudringen. Das ist vor allem in Städten, in denen der »Hitze-Insel-Effekt« die Temperaturen um bis zu zehn Prozent steigen lässt, erstrebenswert. Dachbegrünungen reduzieren den Regenwasserabfluss und bieten Lebensräume für verschiedene Pflanzen und Tiere.

Kaufen Sie Arbeitsflächen, Tischplatten oder Türen aus **wiederverwertetem Kunststoff**.

6

REGIONALE LEBENSMITTEL

Die Lebensmitel, die Sie heute essen, haben vielleicht eine Reise von Tausenden Kilometern hinter sich, wobei signifikante Kohlenstoffmengen ausgestoßen wurden. Kaufen Sie sooft als möglich Waren, die regional produziert wurden.

BAUEN SIE SELBST AN, und reduzieren Sie die Lebensmittelkilometer auf -meter (S. 64–65).

TEILUNGSPLAN Wenn die Anbauzeit gekommen ist, sprechen Sie sich mit gleichgesinnten Nachbarn ab, damit jeder andere Früchte anbaut, die aufgeteilt werden können, anstatt dass alle große Mengen derselben ein bis zwei Sorten haben.

WERDEN SIE EIN »LOCAVORE« Es gibt eine wachsende Bewegung von Menschen, die »Locavores«, die nur Lebensmittel essen, die innerhalb eines bestimmten Umkreises (beispielsweise 100 Kilometer, also »lokal«) erzeugt wurden. Warum treten Sie ihr nicht bei? Falls Sie das zu streng finden, können Sie ja gelegentlich tropische Früchte kaufen und die Regel in erster Linie auf alltägliche Nahrungsmittel anwenden.

WIRKLICH GUTES ESSEN

Wir haben uns daran gewöhnt zu essen, was wir wollen und wann immer wir es wollen. Dabei ignorieren wir die Tatsache, dass der Transport von Früchten außerhalb der Saison über Tausende Kilometer eine große Umweltbelastung darstellt. Der Kauf von regionalen Früchten der Saison hat dagegen beträchtliche Vorteile:

- Er **verringert die Umweltbelastung**, die durch den Transport entsteht.
- Es wird **weniger Energie zur Verpackung, Verarbeitung and Kühlung** benötigt.
- Saisonales Obst und Gemüse ist **frischer, geschmackvoller und nährstoffhaltiger** (über weite Strecken transportierte Produkte werden gepflückt, ehe sie reif sind, damit sie die Reise überstehen).
- **Verschiedene Sorten sind erhältlich**, nicht nur solche, die die langen Transportwege überstehen können.
- Sie **unterstützen kleine, lokale Bauern** und fördern die regionale Wirtschaft.

KAUFEN SIE IN IHREM WOHNORT EIN Vergrößern Sie den ökologischen Fußabdruck Ihres Einkaufs nicht durch unnötige Autofahrten zu Einkaufszentren: Minimieren Sie die Autofahrten und kaufen Sie in der nahen Umgebung ein.

KAUFEN SIE SAISONWARE und genießen Sie die abwechslungsreiche Palette regional erzeugter Produkte. Regionale und saisonale Lebensmittel können Ihren ökologischen Fußabdruck pro Jahr um 600 bis 700 Kilogramm verringern.

FEIERN SIE SAISONALE LEBENSMITTEL, indem Sie lokale Feiern und Erntedankfeste besuchen.

EINGEMACHTES Um das ganze Jahr hindurch Ihre bevorzugten Lebensmittel genießen zu können, ohne sie außerhalb der Saison vom anderen Ende der Welt einfliegen zu lassen, kaufen Sie große Mengen und verarbeiten Sie diese zu eingelegtem Gemüse, Chutneys und Konfitüren.

VERBREITEN SIE DIE BOTSCHAFT Laden Sie Freunde zu einem Essen mit regionalen Produkten ein. Zeigen Sie, wie gut man mit ausschließlich regionalen und saisonalen Zutaten kochen kann.

TREIBHAUSEFFEKT

Regional erzeugte Produkte haben nicht immer einen geringeren ökologischen Fußabdruck als dieselben Lebensmittel, die Tausende Kilometer entfernt gewachsen sind. Der Druck des Marktes, der auch außerhalb der Saison mit Obst und Gemüse versorgt werden will, hat einige Bauern in Länder mit kaltem Klima dazu gebracht, Tomaten und andere Früchte im Frühling oder Spätherbst in geheizten Treibhäusern zu ziehen. Dadurch wird genauso viel oder sogar mehr Energie verbraucht als beim Import aus sonnigeren Klimaten. Widerstehen Sie beiden übermäßigen Kohlenstoffverbrauchern, und genießen Sie die saisonalen Produkte, denn gutes Essen kommt zu denen, die warten können.

Einer von vier **Lastwagen** auf den Straßen Großbritanniens transportiert Lebensmittel.

Für **ein Kilogramm gezüchteten Fisch** braucht man **fünf Kilogramm Wildfisch**. Die weltweiten Fischflotten stoßen jährlich **130 Millionen Tonnen CO_2** aus.

Der Durchschnittsamerikaner kann mehr gegen die Klimaerwärmung tun, wenn er zu einem **Vegetarier** wird, als durch den Wechsel zu einem Hybridauto (S.120).

Bei der Erzeugung von **einem Kilo Fleisch** wird mehr Treibhausgas erzeugt als bei einer **dreistündigen Autofahrt**, bei der man zu Hause **alle Lichter brennen lässt**.

Eine durchschnittliche Kuh stößt täglich rund 200 Gramm Methan aus.

Die **Fleischindustrie** erzeugt **18 Prozent** der weltweiten Treibhausgasemissionen. Das ist sogar mehr, als bei allen Arten des Transports ausgestoßen wird.

Bei der Produktion von einem Kilo **Weizen** werden **750** Liter Wasser verbraucht. Zur Erzeugung von einem Kilo **Rindfleisch** benötigt man bis zu **100 000** Liter.

6

NAHRUNGS-KETTE

Der ökologische Fußabdruck unserer Lebensmittel wird nicht nur vom Transportweg, sondern auch von der zur Herstellung benötigten Energiemenge beeinflusst. Fleisch zählt zu den energieaufwendigsten Produkten auf dem Speiseplan.

WERDEN SIE VEGETARIER Wenn Sie kein Fleisch essen, können Sie das mit Ihrer Nahrung verbundene CO_2 auf die Hälfte reduzieren. **Essen Sie auch weniger Milchprodukte**. Falls Sie nicht auf Fleisch verzichten wollen, versuchen Sie, weniger zu essen. Je 500 Gramm Fleisch, das Sie nicht essen, sparen Sie bis zu sechs Kilogramm CO_2 ein.

QUALITÄT, NICHT QUANTITÄT Sobald Sie weniger Fleisch essen, können Sie sich Fleisch mit höherer Qualität leisten, das biologisch und regional produziert wurde. Es hat einen kleineren ökologischen Fußabdruck und sollte auch besser schmecken.

ESSEN SIE WENIGER FISCH Abgesehen von der Überfischung verbraucht die Fischindustrie große Treibstoffmengen. Helfen Sie, die Nachfrage zu verringern, indem Sie Ihren Konsum einschränken.

FLEISCHPRODUKTION

In den vergangenen 50 Jahren ist die **globale Fleischproduktion um das Fünffache gestiegen**, und der Fleischkonsum hat sich verdoppelt. Das belastet die Umwelt schwer, denn zur Erzeugung von tierischem Eiweiß braucht man mehr Land und Wasser sowie zehnmal mehr Energie als zur Produktion von pflanzlichem Eiweiß. Eines der Hauptprobleme ist das Methan, das von Nutztieren ausgestoßen wird. **Methan ist ein 21-mal stärkeres Treibhausgas als Kohlendioxid**. 37 Prozent der von Menschen erzeugten Methanemissionen stammen aus der Viehhaltung. Angesichts der Schäden, die durch Waldrodungen zur Weidelandgewinnung, Düngemittel zur Futterpflanzenproduktion und den Energieverbrauch bei der Verpackung verursacht werden, sowie der ärztlichen Ratschläge zur Einschränkung des Fleischkonsums wäre es sowohl für die Umwelt als auch Ihre Gesundheit besser, weniger Fleisch zu essen.

6

DIREKT KAUFEN

Schnell in den Supermarkt zu laufen, um leere Regale aufzufüllen, mag zwar praktisch sein, aber der Kohlenstoffausstoß ist hoch. Direkt beim Produzenten zu kaufen verringert den ökologischen Fußabdruck Ihrer Lebensmittel und spart Geld.

KAUFEN SIE AUF EINEM LOKALEN BAUERNMARKT EIN, der nur Lebensmittel anbietet, die im Umkreis von 50 oder 100 Kilometern erzeugt wurden (im Gegensatz zur durchschnittlich 1600-Kilometer-Reise der Supermarktware). Oder **kaufen Sie direkt bei örtlichen Produzenten ein**.

BESTELLEN SIE DIE »GEMÜSEKISTE«, die innerhalb eines bestimten Umkreises saisonale Bio-Lebensmittel ausliefert. **Suchen Sie einen nahen Landwirtschaftsgemeinschaftshof** (S. 64).

SCHÖNHEIT LIEGT IM AUGE DES BETRACHTERS Durch das Bestehen auf »perfekte« Produkte, zwingen Supermärkte die Bauern, große Mengen an Lebensmitteln wegzuwerfen. Zeigen Sie den ortsansässigen Händlern, dass Sie gern auch Obst und Gemüse mit Schönheitsmakel kaufen.

MEIDEN SIE DEN SUPERMARKT

Das Einkaufen im Supermarkt kann der Umwelt teuer zu stehen kommen:

- Um große Mengen an Standardprodukten anbieten zu können, kaufen Supermärkte zu Niedrigstpreisen ein, oft bei **Produzenten aus Übersee**.
- Selbst ein relativ nah erzeugtes Produkt kann auf dem Weg vom Bauernhof ins Geschäft **bei der Verarbeitung, Verpackung, Lagerung und Verteilung** an verschiedenen Orten Hunderte oder sogar Tausende Kilometer zurücklegen.
- Wegen der strengen Anforderungen an einheitliches Aussehen wird oft ein **großer Teil der Ernte zurückgewiesen**.

Sie können die hohen Kosten vermeiden, die für Sie und die Umwelt durch das Einkaufen in Supermärkten entstehen, indem Sie die **Lebensmittel direkt bei den Produzenten kaufen**.

Britische **Supermärkte** produzieren jährlich etwa fünf Millionen Tonnen Treibhausgase, das ist fast ein Prozent der gesamten Emissionen Großbritanniens.

Die Menge der Bioprodukte, die über britische »Gemüsekisten«-Firmen gekauft wird, ist zwischen 2005 und 2006 um 50 Prozent angestiegen.

Australisches Rindfleisch durchläuft bei der Verarbeitung und beim Transport bis zu **24 Stationen**, bevor es auf britischen Tischen landet.

Schätzungen zufolge werden pro Tonne Bananen, die verschifft wird, **zwei Tonnen Früchte** auf den Plantagen zurückgelassen.

Produkte von Bauernläden, Bauernmärkten und der »Gemüsekiste« können bis zu **40 Prozent billiger** sein als Lebensmittel im Supermarkt.

Der weltweite Markt für biologische Lebensmittel ist seit den 1990ern **jährlich um 20 Prozent** gewachsen und machte 2002 einen Umsatz von **16 Milliarden Euro**.

Bio-**Kartoffeln** haben deutlich höhere Anteile an Vitamin C, Magnesium, Eisen und Phosphor als nicht biologisch angebaute Kartoffeln.

Der weltweite Verbrauch von chemischen **Pestiziden und Düngemitteln** stieg von 30 Millionen Tonnen im Jahr 1960 auf 140 Millionen im Jahr 2000.

Weltweit werden derzeit **31 Millionen Hektar** Ackerland biologisch bewirtschaftet.

Bioprodukte enthalten weniger Wasser als konventionelle Lebensmittel. Sie bekommen also mehr für Ihr Geld, als Sie glauben.

Auf britischen Bio-Bauernhöfen findet man 85 Prozent mehr **Pflanzenarten**, 33 Prozent mehr **Fledermäuse**, 17 Prozent mehr **Spinnen** und 5 Prozent mehr **Vögel** als auf Nicht-Bio-Höfen.

BIOLOGISCHE PRODUKTE

Biologische Landwirtschaft wird immer populärer, weil die Konsumenten die Vorteile von Nahrungsmitteln erkannt haben, die ohne energieintensive synthetische Düngemittel, Pestizide und Futtermittelzusätze erzeugt werden.

TRINKEN SIE BIOMILCH Falls Sie nicht ganz zu Bioprodukten wechseln können, ist Milch ein guter Anfang. Der Preisunterschied ist unbeträchtlich, bei der Herstellung von Biomilch wird aber nur ein Drittel der Energie verbraucht, die zur Produktion herkömmlicher Milch benötigt wird. Biomilch enthält mehr Nährstoffe (zum Beispiel 60 bis 70 Prozent mehr Omega-3-Fettsäuren).

FINDEN SIE DAS RICHTIGE GLEICHGEWICHT Bio ist nicht *immer* die beste Wahl: Verpackte, mit Flugzeugen beförderte Bioprodukte sammeln unterwegs einen gewaltigen ökologischen Fußabdruck an. Versuchen Sie saisonale, regionale, unverpackte biologische Lebensmittel zu finden.

KAUFEN SIE AUCH ANDERE BIOPRODUKTE wie Textilien (S. 76–77) und Toilettenartikel.

VIEL GESCHMACK, WENIG CO_2

In der konventionellen Landwirtschaft werden Düngemittel benutzt, bei deren Herstellung und Verwendung signifikante Treibhausgasmengen freigesetzt werden. **Biologisch bewirtschaftete Böden können bis zu 30 Prozent mehr CO_2 aufnehmen und speichern als konventionelle Böden**. Würden alle Mais- und Sojabohnenfelder der USA biologisch bewirtschaftet, könnten jährlich 250 Milliarden Kilogramm CO_2 aus der Atmosphäre entfernt werden.

Ein durchschnittlich großer Bio-Bauernhof kann den CO_2-Ausstoß von **120 Autos** absorbieren.

6

KLEIDUNG

Im Design der Saison werden Sie zwar eine gute Figur machen, die Umwelt könnte dadurch aber unmäßig belastet werden. Wählen Sie sorgfältig aus und pflegen Sie die Kleider, um die Kohlenstoffemissionen für Ihr gutes Aussehen zu minimieren.

QUALITÄT Kaufen Sie Kleidungsstücke, die Sie jahrelang tragen können, und **vermeiden Sie schnelle Mode**. Um die Energiekosten und den Rohstoffverbrauch für die Produktion neuer Artikel zu verringern, **kaufen Sie traditionelle Qualitätskleidung**, denn sie ist billiger und besser.

TAUSCHEN Machen Sie eine Kleidertauschparty, statt sich mit neuen Outfits in Unkosten zu stürzen.

PFLEGEN SIE IHRE GARDEROBE Lassen Sie die Kleidungsstücke ausbessern oder umarbeiten (immer mehr Designer machen aus den besten Teilen getragener Stücke neue Artikel).

RECYCELN SIE KLEIDUNGSSTÜCKE, die nicht mehr zu flicken sind. Sie können wiederverwertet und zu neuen Artikeln verwoben werden.

TEXTILIEN MIT GERINGER UMWELTBELASTUNG

Halten Sie Ausschau nach Artikeln, die aus folgenden umweltfreundlichen Faserarten bestehen:

- **Wiederverwertete Materialien** wie Vliesjacken aus Plastikflaschen oder Sportschuhe aus Jeans und Autoreifen
- **Biowolle und Biobaumwolle**
- **Bambus- oder Hanffasern**, beides schnell wachsende Pflanzen, die überdurchschnittlich hohe CO_2-Mengen absorbieren und nur minimale Düngemittel- und Pestizidmengen benötigen.

Vermeiden Sie synthetische Fasern wie Nylon und Polyester, die in einem sehr energieintensiven Prozess aus Erdöl hergestellt werden. Bei der Nylonproduktion wird Stickoxid freigesetzt, ein 310-mal belastenderes Treibhausgas als CO_2.

✓

Ein Hektar **Bambus** absorbiert jährlich bis zu zwei Tonnen CO_2.

✓

Man braucht nur **25 Zwei-Liter-Plastikflaschen**, um eine **Vliesjacke** für einen Erwachsenen herzustellen.

Zur Herstellung einer Tonne Textilien wird **zehnmal** mehr Energie benötigt als zur Produktion einer Tonne Glas.

!

Waschen Sie bei niedrigen Temperaturen und vermeiden Sie Wäschetrockner (S. 55–57). Die Kleider werden länger halten, und Sie sparen Strom.

✓

Würde jeder Brite jährlich einen Artikel aus **Recyclingwolle** kaufen, würde so viel Energie gespart, um den Strombedarf einer Familie an **4,5 Milliarden Tage zu decken**.

✓

Baumwolle ist die umweltbelastendste Feldfrucht der Welt. Bis zu einem Viertel aller Agrochemikalien, darunter 50 000 Tonnen Pestizide, werden zur Baumwollerzeugung verwendet.

!

6

WENIGER KAUFEN

Alle Dinge, die man in einem Geschäft kaufen kann, haben beim Wachsen, bei der Herstellung, Verpackung, beim Transport und Verkauf Energie verbraucht. Schränken Sie den Konsum ein, und verringern Sie damit Ihren ökologischen Fußabdruck.

ESSEN SIE, BEVOR SIE LEBENSMITTEL EINKAUFEN Studien zeigen, dass man dadurch weniger kauft.

DENKEN SIE VORAUS In hochqualitative Güter zu investieren, ist auf lange Sicht betrachtet billiger und weniger verschwenderisch, als billige Wegwerfversionen zu kaufen.

KAUFEN SIE DIENSTLEISTUNGEN STATT PRODUKTEN wie Leasingdienste für Büroausrüstungen, damit die Hersteller dauerhafte, aktualisierbare Produkte erzeugen, die nicht innerhalb weniger Jahre veraltet sind.

VERMEIDEN SIE WEGWERFPRODUKTE, die eine hohe Kohlenstoffbelastung verursachen. **Decken Sie Lebensmittel mit einem Tablett oder Deckel zu** anstatt mit Plastikfolie; **verwenden Sie Hand-**

EINZELHANDELSDETAILS

Der durchschnittliche westliche Einkaufssüchtige vergrößert seinen ökologischen Fußabdruck jährlich um **drei Tonnen CO_2**, indem er wahllos Produkte kauft. Ohne einer vollständigen »Lebenszyklus-Datenerhebung« über die Auswirkungen der einzelnen Lebensphasen eines Produkts ist es sehr schwierig, den ökologischen Fußabdruck verschiedener Artikel zu bemessen. Allgemein führt eine Reduktion des Konsums zu einer Verringerung des ökologischen Fußabdrucks. Neben der Vermeidung überverpackter Artikel und dem Kauf von regional erzeugten (idealerweise biologischen) Produkten, können auch das Kaufen von weniger, aber dauerhafteren Dingen, die Wiederverwendung, die Reparatur und die Wahl von Secondhand-Artikeln die Auswirkungen Ihrer Kaufgewohnheiten auf die Umwelt erheblich verringern.

tücher anstatt Küchenpapier, und **kaufen Sie für Picknicks und Grillpartys wiederverwendbares Geschirr und Besteck** anstatt Wegwerfbesteck.

RICHTIGE WOHLFÜHLEINKÄUFE Massagen, Schönheitsbehandlungen und Konzertkarten sind ein großartiges, abfallfreies Vergnügen.

REPARIEREN SIE DIE DINGE, anstatt sie bei den ersten Anzeichen von Abnutzung oder Fehlfunktion wegzuwerfen. **Suchen Sie Spezialwerkstätten** in Ihrer Umgebung, oder erlernen Sie selbst neue Fähigkeiten wie Möbelpolstern oder Renovieren.

ENTDECKEN SIE NEUE MÖGLICHKEITEN Versuchen Sie, unbenötigte Artikel übers Internet zu verkaufen (z. B. auf eBay), spenden Sie sie (auf Freecycle oder Craigslist), oder tauschen Sie sie in einem nachbarschaftlichen Gemeinschaftstauschladen. Diese Foren können Ihnen helfen, andere Dinge zu finden.

VERGEWISSERN SIE SICH, DASS NEUE ARTIKEL LANGE HALTEN Überprüfen Sie, ob die Geräte repariert werden können und die Hersteller Ersatzteile liefern. Es kann sich auszahlen, für Produkte mit langer Garantie etwas mehr Geld auszugeben.

In der Natur gibt es keine Verschwendung Jedes natürliche Material wird auf die eine oder andere Art wiederverwendet, nachdem es eine Aufgabe erfüllt hat. Durch unseren einfachen Zugang zu einem Überfluss an Gütern tendieren wir dazu, dieses Grundprinzip zu vergessen, und **werfen 80 Prozent aller Produkte, die wir kaufen, innerhalb von sechs Monaten weg**. Neben der Verminderung der Kaufmenge sollten Sie versuchen, für jedes Ding so viele Verwendungsmöglichkeiten wie möglich zu finden, bevor Sie es wegwerfen.

Ein Drittel der in Deutschland gekauften Lebensmittel wird **weggeworfen**.

6 EINKAUFEN ÜBER DAS INTERNET & ONLINE-DIENSTE

Nutzen Sie die Vorteile der wachsenden Zahl von Dienstleistungen im Internet, um Emissionen und Abfälle zu verringern, und sparen Sie Zeit und Geld. Denken Sie aber daran, den Computer auszuschalten, wenn Sie fertig sind.

VERWALTEN SIE IHRE FINANZEN ONLINE Online-Zahlungen und Online-Banking helfen bei der Verringerung der Energie, die bei der Papierherstellung, beim Druck, beim Versand und bei der Abfallentsorgung verbraucht wird.

ONLINE-SHOPPING Falls Sie wirklich einen Supermarkt brauchen, zu dem Sie normalerweise mit dem Auto fahren, kaufen Sie über seine Website ein. So wird weniger Treibstoff verbraucht (vor allem, wenn Sie zu einer Zeit liefern lassen, in der in Ihrer Gegend auch andere Lieferungen gemacht werden). Außerdem sparen Sie Zeit und Stress.

LADEN SIE MUSIK AUS DEM INTERNET herunter und speichern Sie sie auf einem MP3-Player. Sobald Sie wissen, wo Ihre Lieblingsmusik zu finden ist, brauchen Sie nie wieder CDs kaufen.

GRÜNERES EINKAUFEN ÜBERS INTERNET

Falls die Produkte, die Sie brauchen, nicht in ihrer Nähe erhältlich sind, bietet das Einkaufen übers Internet eine umweltfreundliche und zeitsparende Alternative. Wenn Sie in den virtuellen Gängen einkaufen, minimieren Sie die Auswirkungen auf die Umwelt folgendermaßen:

- **Vermeiden Sie es, Lieferung für den nächsten Tag zu verlangen**, denn dazu werden extra energiefressende Auslieferungsfahrten benötigt.
- **Verbinden Sie die Bestellungen mit denen von Freunden, Verwandten und Kollegen**, um Postgebühren und unnötige Fahrten zu sparen.
- **Lassen Sie die Bestellungen an Ihren Arbeitsplatz liefern**, wo sie immer angenommen werden können. Dadurch vermeiden Sie, dass Artikel zurückgesendet werden müssen, falls Sie zur Lieferungszeit nicht zu Hause sind.

!

In den USA werden jährlich **540 Millionen Gelbe-Seiten-Verzeichnisse** ausgeliefert.

✓

Bitten Sie darum, kein Telefonbuch geliefert zu bekommen. **Suchen Sie die Telefonnummern im Internet**. Sie sparen Papier und erhalten aktuelle Informationen.

✓

Rund **35 Millionen** US-Konsumenten zahlen ihre Rechnungen übers Internet.

✓

Würden alle US-Amerikaner die Rechnungen übers Internet erhalten und bezahlen, würden jährlich **18,5 Millionen Bäume weniger zu Papier verarbeitet werden**.

!

Ändern Sie regelmäßig Ihre Passwörter und löschen Sie unautorisierte E-Mails, die angeblich von Ihrer Bank stammen und nach vertraulichen Informationen fragen.

✓

Würde man die Rechnungen stapeln, die nicht länger an die zur Online-Zahlung übergewechselte Kunden versandt werden, wäre der Stapel **1,2 Kilometer** hoch.

✓

Durch eine Runde eines Supermarkt-**Auslieferungslastwagens** können 20 Supermarktfahrten im Auto eingespart werden.

!

Die US-Amerikaner verbrauchen jährlich so viel **Frischhaltefolie**, dass man damit den Bundesstaat Texas zudecken könnte.

!

In Großbritannien werden jährlich **sechs Milliarden** Getränkedosen, **zwölf Milliarden** Lebensmitteldosen und **1,7 Millionen Tonnen** Glas verbraucht.

Britische Supermärkte händigen jährlich ungefähr **dreizehn Milliarden** Wegwerfplastiktüten aus. Die meisten werden nur einmal verwendet.

!

Eine Durchschnittsperson könnte durch eine zehnprozentige Verringerung des Verpackungsabfalls ihren ökologischen Fußabdruck um **540 Kilogramm** verringern.

✓

Die US-Amerikaner werfen pro Jahr **25 Milliarden** Styroporbecher weg.

!

Eine wiederverwendbare Tasche braucht nur **elfmal** verwendet werden, um geringere Auswirkungen auf die Umwelt zu haben als elf Plastiktüten.

✓

6

WENIGER VERPACKUNG

Wahrscheinlich besteht ein bedeutender Anteil des Inhalts Ihres Mülleimer aus Lebensmittelverpackungen. Bevor Sie noch über Wiederverwertung nachdenken (S. 85–87), vermeiden Sie schon beim Einkaufen so viel Abfall wie möglich.

KAUFEN SIE NICHTVERDERBLICHE WAREN IN MENGEN Eine große Verpackung verbraucht bei der Herstellung weniger Energie als viele kleine. **Kaufen Sie am besten unverpackte Produkte.**

WÄHLEN SIE PRODUKTE, DIE IN WIEDERBEFÜLLBAREN BEHÄLTERN VERKAUFT WERDEN Fordern Sie Hersteller und Geschäfte auf, diese Verpackungsart anzubieten.

GEBEN SIE MÜLL ZURÜCK Packen Sie exzessiv verpackte Produkte im Geschäft aus, und bitten Sie die Angestellten, den Abfall zu entsorgen.

SPAREN SIE FOLIE Zur Herstellung von Aluminium werden große Rohstoff- und Energiemengen benötigt. Verwenden Sie Alufolie sparsam und führen Sie sie danach einer Wiederverwertung zu.

LASSEN SIE WEGWERFTÜTEN GESCHICHTE SEIN

Weltweit tragen wir Jahr für Jahr zwischen 500 Milliarden und einer Billion Plastiktüten nach Hause. **Das sind jährlich bis zu 150 Tüten für jeden Menschen der Erde, oder zwei Millionen pro Minute**. Zur Herstellung einer Tonne Plastiktüten benötigt man acht Fass Rohöl (rund 1280 Liter). Papiertüten sind kaum besser, denn zur Produktion einer Tonne Papier braucht man 17 Bäume.

In Irland führte eine **Steuer auf Plastikeinkaufstüten** zu einer 90-prozentigen Reduktion der Verwendung.

VERMEIDEN SIE VERPACKUNGEN AUS MEHREREN MATERIALIEN wie Kunststoff und Aluminium, denn sie sind schwieriger wiederzuverwerten.

VERWENDEN SIE PLASTIKBEHÄLTER von Lebensmitteln **EIN WEITERES MAL.**

VERMEIDEN SIE EINZELPACKUNGEN Durch die Verpackung und Verarbeitung haben sie einen großen ökologischen Fußabdruck. Kaffee in Einzelportionen hat zehnmal so viel Verpackung wie die gleiche Menge Kaffee in Großpackungen.

PACKEN SIE IHR GABELFRÜHSTÜCK in wiederverwendbare Behälter. Sie sparen Geld und vermeiden täglich 200 Gramm oder mehr an leeren Joghurtbechern, Saftkartons und Brötchenpapier.

VERMEIDEN SIE STYROPOR Es wird aus wertvollen Petrochemikalien hergestellt und verrottet nicht. Weil es so unhandlich ist, sind Verarbeitung und Transport teuer. Deshalb wäre eine umfassende Wiederverwertung wünschenswert.

DANKEN SIE FIRMEN, die abbaubare oder wiederverwertete Verpackungsmaterialen verwenden.

Obwohl Plastiktüten einen relativ geringen Beitrag zu Ihrem ökologischen Fußabdruck leisten, ist es unglaublich einfach, die Rohstoffverschwendung und Müllprobleme zu vermeiden, indem man **bei jedem Einkauf seine eigene wiederverwendbare Tasche aus Hanf, Bio-Baumwolle oder Leinen mitnimmt**. Wenn Sie statt der vier Plastiktüten pro Woche Ihre eigene Einkaufstasche verwenden, werden Sie Ihren ökologischen Fußabdruck jährlich um etwa acht Kilogramm verringern.

Abbaubare Plastiktüten aus Mais- oder Tapiokastärke sind eine bessere Option als gewöhnliche Plastiktüten. Sie zerfallen rasch in harmlose Elemente, im Gegensatz zu ihren petrochemischen Gegenstücken, die Hunderte Jahre lang herumliegen. Aber auch bei ihrer Herstellung werden große Mengen an Energie und anderen Rohstoffen verbraucht. **Sie sind jedenfalls weitaus besser dran, wenn Sie, wo immer es möglich ist, eine wiederverwendbare Einkaufstasche benutzen**.

6

WIEDER-VERWERTUNG

Alle Dinge, die Sie wegwerfen, haben einen ökologischen Fußabdruck. Versuchen Sie, die Abfallmenge zu verringern, indem Sie weniger kaufen, Dinge wiederverwenden und so viel Abfall wie möglich einer Wiederverwertung zuführen.

REDUZIEREN SIE POST Ein durchschnittlicher Erwachsener erhält pro Jahr 19 Kilo unerbetene Post. Melden Sie bei der Post, dass Sie keine Werbesendungen wünschen, und **vermeiden Sie eine kommerzielle Weitergabe Ihrer Adresse**.

TEILEN SIE ZEITUNGEN UND ZEITSCHRIFTEN mit Kollegen oder Nachbarn, anstatt sie nur für sich allein zu kaufen, und **versuchen Sie eine zweite Verwendung zu finden** (zum Beispiel als Packpapier), bevor Sie sie wiederverwerten.

DREHEN SIE EIN BESCHRIEBENES BLATT UM Jede Tonne wiederverwertetes Papier vermeidet den Ausstoß von einer Tonne CO_2 sowie drei Kubikmeter Abfall, spart genug Energie, um ein Wohnhaus sechs Monate zu beleuchten, und lässt 17 Bäume stehen, die CO_2 absorbieren.

DIE VORTEILE DER WIEDERVERWERTUNG

Abfallvermeidung und Wiederverwertung tragen auf mehrere Arten zur Verringerung der Treibhausgasemissionen bei, von denen manche weniger offensichtlich sind als andere:

- Sie **halten organische Abfälle von Mülldeponien fern**, wodurch die Entstehung von Methan vermieden wird (einem 21-mal stärkeren Treibhausgas als CO_2), das beim anaeroben (sauerstofflosen) Zerfall organischer Materie freigesetzt wird.
- Sie **verringern** die Menge der Treibhausgase, die bei der **Müllverbrennung** entstehen.
- Sie **sparen Energie**, denn die Wiederverwendung von Produkten oder die Herstellung mit wiederverwerteten Materialien benötigt weniger Energie zur Gewinnung, zum Transport, zur Verarbeitung und Erzeugung. Wiederverwertetes

GLASRECYCLING Die Wiederverwertung einer einzigen Glasflasche spart genug Energie, um 90 Minuten lang den Fernseher einschalten zu können.

PLASTIKFLASCHENRECYCLING Die Wiederverwertung von Kunststoff ist schwierig, weil es viele Arten gibt. Wir müssen tun, was wir können, denn acht Prozent der weltweiten Erdölproduktion werden zu Kunststoff verarbeitet. PET-Flaschen (an der Eins im Dreieck zu erkennen) sind ein guter Anfang, denn mit der beim Recycling einer Flasche gesparten Energie kann eine 14-Watt-Kompaktleuchtstofflampe 25 Stunden lang Licht spenden.

ALUMINIUMDOSEN Zur Herstellung einer Aluminiumdose aus wiederverwerteten Materialien braucht man bis zu 95 Prozent weniger Energie. Eine Recyclingdose spart genug Energie, um einen Computer drei Stunden lang zu betreiben.

KAUFEN SIE RECYCLINGPRODUKTE wie Recyclingpapier, recyceltes Toilettenpapier oder Vliese aus wiederverwerteten Plastikflaschen.

WEISEN SIE DARAUF HIN Bitten Sie Hersteller um Verpackungen, die wiederverwertet werden können.

Glas verbraucht beispielsweise bis zu 50 Prozent weniger Energie, Recyclingpapier rund 60 bis 70 Prozent weniger Energie, und wiederverwertetes Aluminium um 95 Prozent weniger Energie als die aus neuen Rohmaterialien hergestellten Gegenstücke.

- Sie **vergrößern die in den Bäumen gespeicherte Kohlenstoffmenge**. Pflanzen nehmen CO_2 aus der Atmosphäre auf und speichern es in einem Prozess, den man **Kohlenstoffsequestration** nennt. Durch Abfallvermeidung und Wiederverwertung von Papierprodukten können mehr Bäume in den Wäldern stehen gelassen werden, wo sie weiter CO_2 aus der Atmosphäre aufnehmen können.

Bis zu 80 Prozent des Inhalts eines durchschnittlichen Haushaltsmülleimers können wiederverwertet werden. Mit jedem Kilogramm Abfall, das Sie einer Wiederverwertung zuführen, können Sie den CO_2-Ausstoß mindestens um ein Kilogramm reduzieren. Falls Sie zur Zeit sehr verschwenderisch sind, könnte die Abfallverringerung und Wiederverwertung Ihren jährlichen ökologischen Fußabdruck bis zu einer Tonne verringern.

In den USA könnte man mit der Menge an weggeworfenem Aluminium alle drei Monate die **gesamte kommerzielle Luftflotte** des Landes nachbauen.

Ein durchschnittlicher Mülleimer enthält genug unverwertete Energie für **500 Vollbäder** pro Jahr.

Einige Länder wie die Schweiz, Belgien und Finnland haben eine **Glasrecyclingrate von über 90 Prozent**, das ist dreimal höher als in Großbritannien.

Die Wiederverwertung verringert den jährlichen CO_2-Ausstoß Großbritanniens um **zehn Millionen Tonnen**. Das entspricht **3,5 Millionen Autos** weniger auf den Straßen.

Die **globale Aluminiumindustrie** verbraucht so viel Strom wie der gesamte Kontinent Afrika.

Durch die Wiederverwertung von zwei Glasflaschen wird genug Energie gespart, um **fünf Tassen Tee** zu kochen.

Großbritannien benötigt für seine Papierversorgung pro Jahr einen **Wald, der so groß ist wie Wales**.

7

BABYPFLEGE

Es ist ein heikles Thema, aber Kinder zu haben hat enorme Auswirkungen auf unseren Planeten, vor allem im Westen, wo unsere ökologischen Fußabdrücke ohnehin gewaltig sind. Erziehen Sie Ihre Kinder dazu, die Erde gut zu behandeln.

STILLEN IST AM BESTEN Muttermilch ist nicht nur für Ihr Baby gesünder, sondern auch für die Umwelt. Sie kommt ohne Verpackung und verbraucht keine Energie aus fossilen Brennstoffen.

MACHEN SIE IHRE EIGENE BIOBABYNAHRUNG aus regional produziertem Obst und Gemüse. Püriertes Obst und Gemüse, das Sie in kleinen Behältern einfrieren, hält sehr lange. Es ist frischer, billiger und geschmackvoller als gekaufte Versionen und einfach zuzubereiten.

LEIHEN, BORGEN UND TAUSCHEN SIE BABYAUSSTATTUNG Babys und Kleinkinder wachsen rasch aus den Kleidern, meist lange bevor diese abgetragen sind. In Wohlfahrtsgeschäften und auf Webseiten wie Freecycle und eBay kann man oft Sonderangebote finden.

DIE GROSSE WINDELDEBATTE

Über die relativen Umweltauswirkungen von Wegwerfwindeln im Gegensatz zu wiederverwendbaren Windeln gibt es unterschiedliche Meinungen. Welche Windeln Sie auch verwenden, vergewissern Sie sich, dass Sie die negativen Auswirkungen minimieren:

- **Wiederverwendbare Windeln** machen keinen Müll, verbrauchen aber beim Waschen viel Energie. Waschen Sie bei niedrigen Temperaturen. Effizienter als zu Hause zu waschen wäre es, wenn Sie die Windeln von einem Windelwaschdienst waschen lassen.
- **Wegwerfwindeln** verbrauchen bei der Herstellung große Mengen an Erdöl und Papier und brauchen mehrere Hundert Jahre, um zu verrotten. Falls Sie Wegwerfwindeln verwenden, wählen Sie Marken, die Materialien aus nachhaltigen Wäldern verwenden, oder abbaubare Windeln, die jedoch kompostiert werden müssen, weil sie auf Mülldeponien nicht verrotten.

Studien haben ergeben, dass sich 70 Prozent aller Eltern nach der Geburt ihres Kindes mehr **für Umweltfragen interessieren**.

Babys verbrauchen im Durchschnitt **5000 Windeln,** ehe sie sauber sind.

Wegwerfwindeln brauchen **500 Jahre,** um zu verrotten. Zur Herstellung des Kunststoffs für eine Windel benötigt man eine Tasse Rohöl (pro Kind rund 1280 Liter).

In Holland werden **Wegwerfwindeln** in industriellen Anlagen **kompostiert**. Das dabei entstehende Methan wird als Treibstoff verwendet.

Windelwaschdienste verbrauchen rund 30 Prozent weniger Energie und 40 Prozent weniger Wasser als das Windelwaschen zu Hause.

Die Benutzung von wiederverwendbaren Windeln in den ersten zweieinhalb Lebensjahren erzeugt **570 Kilogramm** Treibhausgase; bei Wegwerfwindeln sind es **650 Kilogramm**.

Würde jedes amerikanische Kind mit der Flasche gefüttert, bräuchte man **86 000 Tonnen Zinnblech**, um jährlich **550 Millionen Dosen** Folgemilch herzustellen.

Verwenden Sie statt wegwerfbaren Wischtüchern **waschbare Babywischtücher** – entweder gekaufte oder selbstgemachte aus alten Materialien.

Der Jahresumsatz der deutschen Spielzeugindustrie liegt bei **3,1 Milliarden** Euro.

!

Die Amerikaner kaufen rund **fünf Milliarden Batterien** pro Jahr und produzieren jährlich 150 000 Tonnen an Batterieabfällen.

!

Wählen Sie Kinderspielzeug wie Solar-Baukästen und Modellwasserstoffautos, die die Kinder mit **kohlenstoffarmen Technologien** vertraut machen.

✓

Ein durchschnittliches amerikanisches Kind bekommt jedes Jahr **69 neue Spielzeugartikel**.

!

SPIELZEUG

Überlegen Sie gut, bevor Sie das neueste, kurzlebige Spielzeug für Ihre Kinder kaufen. Vielleicht gibt es etwas Einfacheres, das ihnen sogar mehr Spaß machen könnte und dem Planeten weniger Schaden zufügt.

KAUFEN SIE SECONDHAND-SPIELZEUG Suchen Sie auf eBay, Craigslist, Freecycle, Flohmärkten oder unter Kleinanzeigen für Gelegenheitskäufe.

HOLZ IST GUT Kaufen Sie FSC (Forest Stewardship Council)-akkreditiertes Holzspielzeug. Es hält Generationen länger als billiges Plastikzeug.

WERDEN SIE MITGLIED EINER SPIELZEUG-BIBLIOTHEK, um die Kinder mit jeder Menge Spielzeug zu versorgen. Als Alternative können Sie mit Freunden **einen Spielzeugtauschkreis gründen**.

REGEN SIE DIE FANTASIE DER KINDER AN, indem Sie ihnen jeden Tag Gegenstände wie Kartonschachteln, Stoffreste, Muscheln oder Holzstücke zum Basteln geben. Das macht Kindern mehr Spaß als jedes Fabrikspielzeug.

WENIGER ELEKTRONIK

Ein scheinbar unvermeidliches Merkmal der modernen Kindheit ist **elektronisches Spielzeug**, das gewöhnlich aus Kunststoff hergestellt wird. Bei der Produktion und Entsorgung werden große Mengen an Kohlenstoff freigesetzt. Falls Ihr Kind unbedingt elektronisches Spielzeug braucht:

- Versuchen Sie **eines auszuwählen, das gut gemacht ist** und nicht innerhalb einiger Wochen kaputt geht.
- **Finden Sie ein Spielzeug oder Spiel, das verändert oder aktualisiert werden kann** (zum Beispiel eine Konsole mit mehreren Spielen, die man mit Freunden tauschen kann).
- **Investieren Sie in wiederaufladbare Batterien** und ein Ladegerät (idealerweise ein solargespeistes).
- Erklären Sie den Kindern, dass sie **das Spielzeug ausschalten sollen**, wenn Sie es nicht benutzen.

7 GUTE ANGEWOHNHEITEN

Verängstigen Sie Ihre Kinder nicht mit apokalyptischen Horrorgeschichten über die Zukunft des Planeten. Helfen Sie ihnen, zu verstehen, wie sie ihren ökologischen Fußabdruck vermindern können, indem Sie ihnen gute Angewohnheiten beibringen.

TEAMARBEIT Lassen Sie Kinder kohlenstoffreduzierende Aufgaben übernehmen (überprüfen, ob Lampen und Geräte ausgeschaltet sind, um den Kompost kümmern oder Müll zur Wiederverwertung trennen). Belohnen Sie sie, wenn sie es gut machen. Wenn Sie unangenehme Pflichten in angenehme Tätigkeiten verwandeln, werden gute Angewohnheiten ein Leben lang erhalten bleiben.

LASSEN SIE IHRE KINDER GÄRTNERN Ermutigen Sie Ihre Kinder, ihr Lieblingsobst und -gemüse selbst anzubauen. Ziehen Sie Erdbeeren in Töpfen, Tomaten in Pflanzbeuteln oder säen Sie in einem Beet Salatsamen aus.

KOCHMEISTERKLASSE Zeigen Sie Ihren Kindern, was sie mit der Ernte machen können, indem Sie nahrhafte Gerichte mit frischen

WERDEN SIE RADFAHRER

Durch Gehen und Fahrradfahren vermeidet man unnötige Kohlenstoffemissionen. Die Kinder werden fit, gesund und haben Spaß.

- **Bringen Sie Ihren Kindern Radfahren bei**. Eine Strecke von sechs Kilometern mit dem Fahrrad zu fahren anstatt mit dem Auto vermeidet den Ausstoß von einem Kilo CO_2 und stärkt das Herz. Untersuchungen zeigen, das regelmäßige Fahrradfahrer genauso fit sind wie zehn Jahre jüngere Personen, die nicht regelmäßig einer körperlichen Betätigung nachgehen.
- Falls Sie sich nicht wohl dabei fühlen, mit den Kindern auf den Straßen Fahrrad zu fahren, **machen Sie einen Familienfahrradkurs**.
- **Organisieren Sie Familienwanderungen oder Fahrradausflüge**. Erkunden Sie die Fauna und Flora der Umgebung sowie Plätze, die Sie mit dem Auto niemals entdeckt hätten.

Zutaten und energiesparenden Kochmethoden (S. 40–42) zubereiten. Wenn Sie Ihren Kindern Kochen beibringen, werden Sie auch später weniger dazu neigen, Fertiggerichte mit großen Mengen an Verpackungsmaterial zu kaufen.

BITTEN SIE DIE SCHULE UM FAHRRADUNTERSTÄNDE In Dänemark fahren 60 Prozent aller Kinder mit dem Fahrrad zur Schule. Ermutigen Sie die Schule Ihres Wohnorts dazu, dieses Ziel zu erreichen, indem sie geschützte Unterstände baut.

GEMEINSAMES GEHEN Versuchen Sie für Ihre Kinder und deren Freunde »Geh-Gemeinschaften« zu organisieren. Gehen ist geselliger, die Kinder bleiben gesund, und es verringert die Zahl der Autos auf den Straßen, wodurch unser aller Leben viel sicherer wird.

OHNE SPIELZEUG, ABER NICHT OHNE SPASS Zeigen Sie Kindern, wie man ohne Spielzeug Spaß haben kann: Pflanzen Sie Bäume oder spielen Sie Kästchenhüpfen und Verstecken. Studien zeigen, dass Kinder, die regelmäßig in natürlicher Umgebung spielen, gesünder, beweglicher und koordinierter sind als Kinder, die ständig drinnen sind.

- **Radeln oder gehen Sie mit den Kindern zur Schule.** Mit angeregtem Kreislauf und frischer Luft in den Lungen werden sie fitter und aufmerksamer sein als ihre Klassenkollegen, die im Auto zur Schule gebracht wurden. Außerdem reduzieren Sie Staus und verringern den CO_2-Ausstoß. Indem Sie vom Auto zu einem kohlenstofflosen Schulweg überwechseln, vermeiden Sie bei einem fünf Kilometer langen Weg monatlich einen Kohlenstoffausstoß von 30 bis 40 Kilogramm.

Um **8.50 Uhr** morgens bringt jedes fünfte Auto auf den britischen Straßen Kinder zur Schule.

8

COMPUTER

Computer sind zwar großartige Erfindungen, aber die Abhängigkeit von ihnen wird rasch zu einer Bedrohung für die Umwelt: Die IT-Industrie verursacht rund zwei Prozent des globalen CO_2-Ausstoßes – etwa genauso viel wie die Luftfahrt.

KAUFEN SIE EIN MODELL, DAS EINFACH AKTUALISIERT WERDEN KANN, damit es nicht binnen kürzester Zeit veraltet ist.

WÄHLEN SIE EINEN LAPTOP, denn er verbraucht bis zu 90 Prozent weniger Strom als ein vergleichbarer Desktop-Computer.

FALLS SIE EINEN DESKTOP-COMPUTER BRAUCHEN, wählen Sie ein Modell mit LCD-Flachbildschirm, der um 30 Prozent weniger Strom verbraucht als ein Kathodenstrahlmonitor.

WIEDERVERWENDUNG Wenn Computer oder Zusatzgeräte nicht mehr zu gebrauchen sind, geben Sie sie einer der vielen Organisationen, die IT-Ausrüstung zur Wiederverwendung in Schulen oder Wohlfahrtseinrichtungen reparieren.

STROM SPAREN

Nur 15 Prozent des weltweit von Computern verbrauchten Stroms im Wert von 172 Milliarden Euro wird zum Arbeiten verwendet, der Rest wird verschwendet. Verwenden Sie Ihren Computer klug, um seinen Stromverbrauch zu minimieren:

- **Stellen Sie den Computer so ein**, dass er nach zehn Minuten Inaktivität **in den Energiesparmodus schaltet**. Dadurch können Sie den Stromverbrauch um 60 bis 70 Prozent senken.
- **Schalten Sie den Computer aus**, wenn Sie ihn eine Stunde nicht verwenden. Es ist ein Mythos, dass Computer zum Starten viel Strom brauchen.
- **Lassen Sie ihn nachts nicht an**, oder Sie werden genug Energie verschwenden, um 800 A4-Seiten zu bedrucken.
- **Stecken Sie den Computer** am Ende des Tages **aus**. Selbst in ausgeschaltetem Zustand verbraucht er eine geringe Menge Strom (etwa acht Watt).

Schätzungen zufolge wird ein durchschnittlicher PC nur **vier Stunden pro Arbeitstag verwendet**, **fünf bis sechs Stunden** werden **nutzlos Strom** verschwendet.

Wenn Sie **Ihren derzeitigen Computer aufrüsten**, anstatt einen neuen zu kaufen, können Sie rund 250 Kilogramm an fossilen Brennstoffen einsparen.

Geben Sie dem Computer am Ende jedes Tages seine wohlverdiente Ruhe, sparen Sie Strom und verhelfen ihm zu einer **längeren Lebenszeit**.

Weltweit werden jährlich mehr als **31 Millionen** PCs weggeworfen.

Bildschirmschoner können viel Energie verbrauchen. Wählen Sie deshalb **bei der Bildschirmeinstellung die Option »Bildschirmschoner aus«**.

30 bis 40 Prozent der PCs in amerikanischen Büros **sind nachts und am Wochenende eingeschaltet**. Sie verbrauchen so viel Energie wie 2,5 Millionen Autos.

Für die Herstellung eines PCs braucht man **1,8 Tonnen** Chemikalien und fossile Brennstoffe. Ein PC erzeugt **100 Kilo** CO_2 pro Jahr und wird nach **drei Jahren** weggeworfen.

Allein der Kunststoff jedes PC-Systems verbraucht bei der Herstellung rund **sieben Liter Rohöl**.

Die **Papierindustrie** ist der größte industrielle Wasserverbraucher. Für die Herstellung von einem Kilogramm Papier werden 300 Liter Wasser benötigt.

Ein durchschnittlicher Deutscher verbraucht jährlich **236 Kilogramm** Papier, wovon nur rund **40 Prozent** wiederverwertet werden.

Suchen Sie nach Kopiergeräten, die sich **automatisch ausschalten**. Dadurch kann der Stromverbrauch des Kopierers um 60 Prozent verringert werden.

Jeder britische Büroangestellte verbraucht pro Tag durchschnittlich **50 Blatt Papier**.

Druckerpatronen können **bis zu siebenmal wiederverwendet werden**.

Tintenstrahldrucker verbrauchen **10 bis 15**, Laserdrucker **60 bis 100 Watt**. Selbst im Standby verbrauchen Laserdrucker **30 bis 35 Prozent** ihres Spitzenstrombedarfs.

BÜROAUS-STATTUNG & BÜROARTIKEL

Verwenden Sie Ihre Bürogeräte achtsam, um sicherzugehen, dass Ihr Arbeitsplatz so effizient und klimafreundlich wie möglich genutzt wird.

SHARE-WARE Falls Ihre Firma die Büroräume mit anderen teilt, sollten Geräte wie Kopierer gemeinsam benutzt werden.

FALLS SIE EINEN NEUEN DRUCKER BRAUCHEN, KAUFEN SIE EIN DUPLEX-MODELL, das beide Seiten bedruckt. Dadurch halbiert sich die Papiermenge, und der Energieverbrauch sinkt um 25 Prozent. **Wählen Sie einen Tintenstrahldrucker**, der weitaus weniger Strom verbraucht als ein Laserdrucker. Falls Sie einen Laserdrucker brauchen, kaufen Sie ein energiesparendes Modell.

KAUFEN SIE WIEDERVERWERTETE FARBPATRONEN Dabei wird pro Patrone ein Liter Rohöl eingespart.

WIEDERBESCHREIBEN Kaufen Sie wiederbeschreibbare CDs und DVDs, oder speichern Sie die Daten am besten auf einem USB-Stick.

PAPIER SPAREN

Theoretisch sind viele Büros bereits »papierlos«, weil die Menschen eher über den Computer miteinander kommunizieren als über das gedruckte Wort. Papier macht aber noch immer über 70 Prozent des Büroabfalls aus. Deshalb sollten Sie Papier so gut wie möglich nutzen:

- **Verwenden Sie beide Seiten** des Blattes. Dabei sparen Sie die Hälfte an Holz und anderen Rohstoffen, die zur Herstellung benötigt werden. Mit jedem Kilo Papier, das Sie einsparen, vermeiden Sie den Ausstoß von 2,5 Kilogramm CO_2.
- **Kaufen Sie wiederverwertete Papier- und Schreibmaterialien** und vermeiden Sie mit jedem Blatt mehr als zwei Kilogramm CO_2.
- Bevor Sie ein Dokument drucken, **überprüfen Sie Rechtschreibung und Druckereinstellungen**.
- **Lesen Sie die E-Mails auf dem Bildschirm**. Drucken Sie sie nur aus, wenn es *wirklich* nötig ist.

8 GEMEINSAM ENERGIE SPAREN

Heben Sie sich die ganze Arbeit nicht für zu Hause auf. Ihr Arbeitgeber könnte durch Kohlenstoffverringerungsprogramme viel Energie sparen. Tun Sie also Ihr Möglichstes, um den Ball ins Rollen zu bringen.

DREHEN SIE LAMPEN UND GERÄTE AB, DIE NICHT VERWENDET WERDEN Sie können Software für das automatische Ausschalten der PCs installieren und Bewegungssensoren, damit sich die Lampen nur bei Bedarf einschalten.

KLUGE HEIZUNG UND KÜHLUNG Achten Sie darauf, wie Ihre Firma die Räume heizt und kühlt, und machen Sie Vorschläge zum Energie- und Geldsparen. Heizen oder kühlen Sie keine Lagerräume oder Korridore, und wechseln Sie zu einem Heizschema über, das auf der Reflexion der verbleibenden Wärme beruht und nachts, an Wochenenden und zu Urlaubszeiten abgedreht ist.

FAHRGEMEINSCHAFTEN Bitten Sie Ihren Arbeitgeber, Pendlergemeinschaften (S. 116–117) zu organisieren, die Angestellten zu ermutigen,

WO FANGEN WIR AN?

Falls Sie das Glück haben, für eine Firma mit umfassenden Umweltgrundsätzen zu arbeiten, tragen Sie Ihren Teil dazu bei, dass sie auch angewendet werden, denn sonst sind sie nur ein weiteres verschwendetes Blatt Papier.

Befindet sich die Firma in einem weniger fortschrittlichen Stadium, sollten Sie zuerst ein **Kohlenstoffaudit** durchführen, um Art und Ausmaß der Auswirkungen zu ermitteln. Dabei sollte auf den Energieverbrauch im Haus geschaut werden (durch Überwachungsvorrichtungen auf allen Geräten und Analyse der Energiekosten) und auf andere CO_2 erzeugende Aktivitäten wie Reisen, Catering und die Bestellung von Büromaterialien. Organisationen, die sich auf die Ermittlung des ökologischen Fußabdrucks spezialisiert haben, können Ihnen bei den Kohlenstoffberechnungen helfen.

von zu Hause aus zu arbeiten, Duschen und Fahrradlagerräume zur Verfügung zu stellen und schrittweise die Parkplätze zu verringern.

BEAM MICH HOCH Wenn Sie das nächste Mal eine lange Fahrt zu einem kurzen Meeting machen, denken Sie darüber nach, ob Sie wirklich persönlich dort sein müssen. Videokonferenzen sparen Zeit, Geld und schonen die Umwelt.

SENDEN SIE PAKETE MIT FAHRRADBOTEN Fahrradbotendiensten liefern Briefe und Pakete rasch und sauber von einem Ende der Stadt zum anderen. Fahrräder können sich kohlenstoffneutral im Stau fortbewegen, was sie zur schnellsten Option für innerstädtische Sendungen macht.

KAUFEN SIE ENERGIESPARENDE BÜROAUSRÜSTUNG UND GERÄTE und sorgen Sie für entsprechende Wartung.

LEISTUNGSANREIZE Regierungen gewähren Steuererleichterungen für energiesparende Firmen. Energieverschwender werden mit Steuern bestraft. Machen Sie Ihrer Firmenleitung bewusst, wie sie davon profitieren kann.

Kennt Ihre Firmenleitung erst einmal die Natur der Herausforderung, muss sie sich auf eine Reihe wichtiger Ziele festlegen und kurz- wie langfristige Aktionspläne erarbeiten. Erfolgreiche gemeinsame Energiesparprogramme machen Folgendes:

- **Sie erklären klar** die praktischen Vorteile des Energiesparens. Dazu verwenden sie einfache Botschaften, die ständig in verschiedenen Medien auftauchen, zum Beispiel auf Postern, Firmenwebsites und Schwarzen Brettern.
- Sie **ermutigen** alle Angestellten zur **Einbringung von Vorschlägen**, damit die ganze Belegschaft mit einbezogen wird.
- Sie **erkennen** die Beteiligung der Angestellten **an und belohnen** sie.
- Sie **informieren regelmäßig** über den Fortschritt.
- Sie **organisieren spezielle Veranstaltungen** wie offene Diskussionsforen, Informationstage und Energiesparwettbewerbe zwischen den Abteilungen.

Nächtliche Bürobeleuchtung verschwendet eine Strommenge, mit der man **1000 Heißgetränke** zubereiten könnte.

9 SPORT & FITNESS

Die Fitnessindustrie ermutigt uns zur Verbesserung unserer körperlichen Gesundheit, doch ein Großteil der Angebote geht auf Kosten der Umwelt. Überdenken Sie Ihre Fitnessgewohnheiten, und vermeiden Sie überflüssige Kohlenstoffkilos.

BAUEN SIE FITNESSÜBUNGEN IN DEN ALLTAG EIN Steigen Sie Treppen, tragen Sie wiederverwertbaren Abfall zur Sammelstelle, gehen oder radeln Sie zur Arbeit, zum Einkaufen und zu Treffen.

MIETEN ODER BORGEN SIE SPORTAUSRÜSTUNGEN, die Sie nicht regelmäßig nutzen, um die Rohstoffverschwendung für Dinge, die die meiste Zeit über im Schrank hängen, zu vermeiden.

RECYCELN SIE SPORTSCHUHE, wenn sie abgetragen sind. Der Gummi in den Sohlen hat viele Verwendungen, u. a. für wetterfeste Sportplätze.

POOLPFLEGE Falls Sie einen Swimmingpool haben, füllen Sie ihn mit gefiltertem Regenwasser, beheizen Sie ihn mit einer Solaranlage, und decken Sie ihn ab, um den Wärmeverlust zu verringern.

GRÜNES FITNESSSTUDIO

Warum **trainieren** Sie nicht **in natürlicher Umgebung**, anstatt in ein klimatisiertes Fitnessstudio zu fahren, um an Maschinen zu trainieren? Wenden Sie sich an lokale Umweltgruppen und helfen Sie mit beim Pflanzen von Bäumen, dem Anlegen von Hecken und der Entwicklung schulischer Naturanlagen. In Großbritannien kann man einem »Grünen Fitnessstudio« beitreten, das vor der gesunden Arbeit in freier Natur Aufwärmübungen einbaut.

Beim **Kehren eines Gehwegs** kann man bis zu 30 Prozent mehr Kalorien verbrennen als bei Aerobics.

Tourenschifahren belastet die Umwelt weniger als Pistenschifahren, weil man dazu keine Sessellifte und keine gerodeten Berghänge als Pisten braucht.

Ein **Golfplatz** verbraucht 100-mal mehr Wasser als ein Haus mit vier Zimmern. Vergewissern Sie sich, dass Ihr Golfclub **wiederaufbereitetes Wasser** verwendet.

Bedeckt man einen Swimmingpool mit einer Isolierschicht, kann der Wärmeverlust um bis zu 30 Prozent verringert werden.

Zehn **Fitnessstudio-Laufbänder** verbrauchen monatlich 13 500 Kilowattstunden Strom – so viel wie ein Haartrockner, der **ein Jahr lang** durchgehend läuft.

✓

Die Hotelkette Marriott startete ein **Energiesparprogramm**, das die jährlichen Kohlenstoffemissionen der Firma um mehr als 60 000 Tonnen senkte.

Denken Sie daran, vor dem Verlassen der Wohnung **die Heizung** (oder Klimaanlage) **abzudrehen**, oder drehen Sie sie nur minimal auf, um das Einfrieren zu verhindern.

✓

Ein durchschnittlicher Hotelgast verbraucht mehr als **doppelt so viel Wasser**, als er zu Hause verbrauchen würde.

!

Ein 100-Zimmer-Hotel könnte durch ein **Wiederverwendungsprogramm für Bettwäsche und Handtücher** jährlich mehr als 300 000 Liter Wasser sparen.

✓

Wenn Sie an Ihrem Urlaubsort angekommen sind, **mieten Sie Fahrräder** statt des üblichen Mietautos.

✓

9

HOTELS & URLAUBSREISEN

Halten Sie den ökologischen Fußabdruck von Ferienreisen gering, indem Sie einen relativ nahe gelegenen Urlaubsort und Transportmittel mit geringer Kohlenstoffbelastung wählen. Man kann auch ausspannen, ohne dem Planeten zu schaden.

BLEIBEN SIE AUF IHREM KONTINENT, und vermeiden Sie Langstreckenflüge, die pro Passagier mehr CO_2 ausstoßen als ein Autofahrer in einem Jahr. Langstreckenflüge sind der schnellste Weg, um alle guten Taten zunichte zu machen. Reisen Sie per Bahn, Schiff oder auf der Straße.

UNTERSTÜTZEN SIE URLAUBSORTE MIT GERINGEM KOHLENSTOFFAUSSTOSS Spenden Sie Geld für die Travel Foundation (www.thetravelfoundation.org.uk), die Strategien zur Kohlenstoffreduktion wie Energieprogramme für Touristenunterkünfte in Urlaubsorten auf der ganzen Welt anbietet.

ESSEN SIE IM URLAUB LOKALE LEBENSMITTEL Die Spezialitäten der örtlichen Gastronomie sind frischer und geschmackvoller als Importware und haben viel weniger Verschmutzung verursacht.

ENERGIESPARHOTELS

Gestalten Sie den nächsten Hotelaufenthalt so energiesparend wie möglich:

- **Finden Sie ein Hotel mit echten grünen Referenzen**. Suchen Sie nach einem Hotel mit einem Ökolabel wie der »Blauen Schwalbe«, der »EU-Blume« oder dem »Österreichischen Umweltzeichen«.
- **Drehen Sie Heizung oder Klimaanlage ab** oder zumindest zurück, und drehen Sie Lampen und Geräte ab, die nicht gebraucht werden.
- **Nehmen Sie Duschen**, keine Bäder.
- **Bitten Sie darum, Handtücher und Bettwäsche** mehrere Nächte lang verwenden zu dürfen.
- **Sprechen Sie mit dem Geschäftsführer über die Umweltpolitik des Hotels**, und machen Sie Verbesserungsvorschläge wie die Installation energiesparender Lampen oder die Nutzung erneuerbarer Energieversorgung.

9

FESTE

Jeder liebt grandiose Partys. Wenn Sie das nächste Mal ein Fest organisieren, berücksichtigen Sie bei der Planung einige kohlenstoffarme Techniken.

FEIERN SIE am 22. April **DEN »TAG DER ERDE«**.

VERWENDEN SIE DEKORATIONEN MIT GERINGER KOHLENSTOFFBELASTUNG wie Papiergirlanden aus Zeitschriften oder Weihnachtschmuck aus Salzteig, der gebacken und bunt verziert wird.

VERWENDEN SIE LED-FESTBELEUCHTUNG, die bis zu 95 Prozent weniger Strom verbraucht.

SCHENKEN SIE WENIGER »DINGE«, sondern mehr Erfahrungen oder Dienstleistungen: Karten für eine Veranstaltung, ein Abendessen im Restaurant, einen Massagegutschein, oder einen Herbst lang Blätter zusammenharken. Wenn Sie Dinge verschenken, packen Sie sie in Zeitungspapier ein, oder **verwenden Sie Recycling-Packpapier**, das nachher weiterverwendet werden kann.

DER BUND FÜRS LEBEN

Machen Sie den besonderen Tag wirklich zu etwas Besonderem, indem Sie seine Auswirkungen auf die Umwelt minimieren:

- **Wählen Sie** bei Lebensmitteln, Getränken und Blumen **regionale Produkte**.
- **Mieten Sie Tischtücher, Möbel, Gläser** usw., anstatt sie zu kaufen.
- **Wählen Sie biologische oder wiederverwertete Kleidung** für einen Look mit geringer Kohlenstoffbelastung.
- Vermeiden Sie die Unterstützung des energieintensiven Schwermetallabbaus, indem Sie **alte Ringe auswählen**.
- **Wählen Sie einen leicht erreichbaren Ort**, und ermutigen Sie Ihre Gäste, mit kohlenstoffsparenden Transportmitteln anzureisen.
- **Schenken Sie Ihren Gästen eine Energiesparlampe** als kleinen Dank.
- **Bitten Sie um Geschenke, die Ihnen helfen, ihr gemeinsames Leben kohlenstoffarm zu gestalten** wie Fahrräder, Obstbäume oder Fahrscheine für öffentliche Verkehrsmittel.

✓

Senden Sie Grußkarten per E-Mail, um die Menge an zusätzlichem Papier, das um den Globus verschickt wird, zu reduzieren.

Eine durchschnittliche britische **Hochzeit** erzeugt rund 15 Tonnen CO_2.

!

Eine **Weihnachtsbaumbeleuchtung**, die an den Weihnachtsfeiertagen zehn Stunden eingeschaltet ist, erzeugt genügend CO_2, um 50 Partyballons zu füllen.

!

In Großbritannien werden beim Transport von Blumen für den **Valentinstag** zwei Millionen Tonnen CO_2 ausgestoßen.

!

Die Zutaten für ein typisches **Weihnachtsfestmahl** reisen bis zu 50 000 Kilometer.

!

Täglich werden in **London sieben Millionen Wege zu Fuß erledigt**. 80 Prozent aller Strecken unter 1,5 Kilometern werden zu Fuß zurückgelegt.

Täglich eine halbe Stunde Radfahren kann die Lebenserwartung um **vier Jahre** erhöhen.

Ein Auto kostet jährlich rund 2700 Euro, wobei Faktoren wie die Treibstoffkosten, Versicherung, Service und Steuern mit einberechnet sind.

Die »Liga der amerikanischen Radfahrer« verleiht Gemeinden, die das Radfahren aktiv unterstützen, den Status einer **»fahrradfreundlichen Gemeinde«**.

In Kopenhagen fahren 36 Prozent aller Pendler mit dem Rad, Dänemark wird zu den glücklichsten Ländern der Welt gezählt.

Ersetzen Sie eine Autofahrt von acht Kilometern einmal wöchentlich **durch eine Fahrradfahrt**. Dadurch vermeiden Sie 100 Kilogramm CO_2 pro Jahr.

82 Prozent der Einwohner Manhattans gehen, radeln oder fahren öffentlich zur Arbeit und reduzieren damit ihre Emissionen auf ein Drittel.

GEHEN SIE ZU FUSS

Über die Hälfte des geförderten Erdöls wird zum Transport verwendet, einem Hauptverursacher der CO_2-Emissionen. Gehen Sie, wo und wann Sie können, zu Fuß. Davon werden sowohl Ihre Gesundheit als auch unser Planet profitieren.

MACHEN SIE TÄGLICH 10 000 SCHRITTE (rund acht Kilometer), wie es die Gesundheitsexperten empfehlen, und verwenden Sie einen Schrittzähler.

RÜSTEN SIE IHR FAHRRAD FÜR GEPÄCK AUS Kaufen Sie einen Fahrradkorb für die Vorder- und einen starken Gepäckträger für die Hinterreifen.

TEILEN SIE FAHRRÄDER Benutzen Sie Fahrradmietstationen wie Vélib' in Paris, Call-a-Bike in Deutschland und OYBike in Großbritannien. Bitten Sie örtliche Behörden um ein ähnliches System.

FOLGEN SIE DER SPUR Bitten Sie den nationalen Fahrradverband um eine Karte der Fahrradwege.

SUCHEN SIE EINEN JOB IN DER UMGEBUNG, damit Sie zur Arbeit gehen oder radeln können.

EIN SYSTEM, DAS FUNKTIONIERT!

Stausteuern, die Autofahrer zahlen müssen, um in Zeiten mit hohem Verkehrsaufkommen in bestimmte Zonen fahren zu dürfen, waren in Städten wie London, Singapur und Stockholm äußerst erfolgreich. In London hat die Stausteuer dazu geführt, dass 500 000 Autofahrer ihre Fahrzeuge zu Hause gelassen haben und zu Fuß, mit dem Fahrrad oder öffentlichen Verkehrsmitteln ins Stadtzentrum pendeln. Die Kohlenstoffemissionen sind um 16 Prozent gesunken, Verkehrsstaus wurden um 20 Prozent verringert, und die örtliche Wirtschaft floriert. Solche Strategien bringen bedeutende Einnahmen, die in den Ausbau des öffentlichen Verkehrs und Fahrradverleihsysteme investiert werden können. **Bringen Sie die lokalen Behörden dazu, über Stausteuern** für Ihre Heimatstadt nachzudenken.

10 ÖFFENTLICHE VERKEHRSMITTEL

Wenn der Weg zu weit ist, Sie viel zu tragen haben oder das Wetter zu scheußlich ist, um zu gehen oder Rad zu fahren, ist die Umweltbelastung geringer, wenn Sie öffentliche Verkehrsmittel benutzen, als mit dem Auto zu fahren.

FEIERN SIE DEN »AUTOFREIEN TAG«, der am 22. September abgehalten wird, indem Sie das Auto 24 Stunden lang stehen lassen. Falls Sie mit dem Auto zur Arbeit fahren, nutzen Sie den Tag, um **ein alternatives Transportmittel zu finden**. Wenn Sie täglich 25 Kilometer mit dem Bus zur Arbeit fahren, verringern Sie Ihren jährlichen ökologischen Fußabdruck um 1,5 Tonnen CO_2.

ÄNDERN SIE IHRE ARBEITSZEITEN wenn möglich, um nicht in den Stoßzeiten mit öffentlichen Verkehrsmitteln fahren zu müssen. So wird die Fahrt schneller und garantiert ein Sitzplatz frei sein.

BESORGEN SIE SICH EINE JAHRESKARTE, damit Sie öffentliche Verkehrsmittel nach Belieben benutzen können und immer den günstigsten Preis zahlen.

KRAFTSTOFFVERBRAUCH

Die Kraftstoffverbrauch hängt von der Anzahl der Fahrgäste ab und wird mit dem Begriff »Fahrgastkilometer pro 100 Liter« umschrieben. Ein Auto mit einem Kraftstoffverbrauch von 7,8 Litern pro 100 Kilometer, das zwei Passagiere befördert, macht **15,6 Fahrgastkilometer pro 100 Liter**. Ein Bus, der 39 Liter pro 100 Kilometer verbraucht und 40 Fahrgäste befördert, macht **156 Fahrgastkilometer pro 100 Liter**, viermal effizienter als ein Auto.

Der französische Hochgeschwindigkeitszug **TGV** erreicht eine Durchschnittsgeschwindigkeit von **240 km/h**.

Das Verkehrssystem von Bogotá befördert täglich **1600** Fahrgäste mit Bussen. So konnten Fahrzeiten um **32 Prozent** und Treibhausgasemissionen um **40 Prozent** verringert werden.

Die Kohlenstoffemissionen pro Fahrgast pro 1600 Kilometer:
Bus – 122 kg;
Intercity-Zug – 204 kg;
Kleinwagen – 268 kg;
Flugzeug – 440 kg;
Allrad – 712 kg.

Bitten Sie die Regierung, öffentlichen Verkehr zu begünstigen, indem Kosten für Privatfahrzeuge erhöht werden und **das öffentliche Verkehrsnetz ausgebaut** wird.

Öffentliche Verkehrsmittel erzeugen pro Fahrgast und Kilometer um **95 Prozent weniger** Kohlenmonoxid und um **50 Prozent weniger** Kohlendioxid und Stickoxid.

Würden alle britischen Autofahrer auf öffentliche Verkehrsmittel umsteigen, könnte der durch den Verkehr verursachte CO_2-Ausstoß um **90 Prozent** verringert werden.

Autofahrer in den amerikanischen Städten mit dem höchsten Staubaufkommen verbringen mehr als **40 Stunden** pro Jahr (eine ganze Arbeitswoche) im Stau.

FAHREN SIE BUS, und helfen Sie mit, die Straßen zu leeren. Ein Bus kann die Insassen von 20 Autos befördern, erzeugt weniger Verschmutzung und braucht weniger Platz auf dem Asphalt.

NEHMEN SIE DEN ZUG, denn damit können lange Strecken mit minimaler Umweltbelastung bewältigt werden. Anders als beim Fliegen müssen Sie nicht schon Stunden vor der Abreise einchecken, und im Gegensatz zum Autofahren können Sie unterwegs Dinge erledigen oder schlafen.

SPAREN SIE EINE BUSLADUNG VOLL KOHLENSTOFF Lange Fahrten im Bus belasten die Umwelt noch weniger als Zugreisen. Wenn Sie vom Auto zum Bus überwechseln, können sie den CO_2-Ausstoß Ihrer Reise bis zu 90 Prozent vermindern.

FAHREN SIE MIT DEM FAHRRAD ZUM BAHNHOF ODER ZUR BUSHALTESTELLE, um schneller dort zu sein. **Fordern Sie öffentliche Verkehrsmittelanbieter auf, Fahrradständer zur Verfügung zu stellen** (nennen Sie als Vorbild fahrradfreundliche Städte wie Kopenhagen), oder **kaufen Sie ein Klappfahrrad**, das Sie je nach Bedarf auf- und zusammenklappen können.

TRENDUMKEHR

Das Aussehen der modernen Welt wurde stark durch das Auto beeinflusst. Einkaufszentren und Supermärkte am Stadtrand, die man nur mit dem Auto erreicht, verdrängen die traditionellen Einkaufsbezirke. Deshalb ist es auch trotz bester Vorsätze schwer, nicht regelmäßig mit dem Auto zu fahren. **Die durchschnittliche Einkaufsstrecke liegt in Großbritannien bei sieben Kilometern**. Das ist für die meisten Menschen zu weit, wenn sie schwere Einkaufstaschen tragen.

Es wird schwierig sein, diesen Trend umzukehren, aber durch die Planung von Siedlungen mit Geschäften, Freizeiteinrichtungen und einem gut ausgebauten Verkehrsnetz kann ein Lebensstil mit geringem Kohlenstoffausstoß verwirklicht werden. Weltweit nehmen zahllose Städte diese Herausforderung an. Die kolumbianische Hauptstadt Bogotá und Curitiba in Brasilien haben Schnellbussysteme mit eigenen Busrouten (sie standen Pate für die vor kurzem eröffnete Orange Line in Los Angeles). Andere Städte wie London und Stockholm setzen Stausteuern (S. 107) ein, um die Menschen dazu zu bringen, anstatt des Autos öffentliche Verkehrsmittel zu benutzen.

ENERGIE-SPAREND AUTOFAHREN

Der Straßenverkehr ist für einen großen Anteil unseres CO_2-Ausstoßes verantwortlich. Die Wartung der Autos und unsere Fahrweise haben große Auswirkungen auf den Kraftstoffverbrauch.

FAHREN SIE LANGSAMER Beim Schnellfahren steigt der Verbrauch. Versuchen Sie langsamer zu fahren, um den Kraftstoffverbrauch zu reduzieren.

VERMEIDEN SIE GEWICHT UND LUFTWIDERSTAND Lassen Sie den Dachträger zurück, und nehmen Sie schwere Gegenstände aus dem Kofferraum. Zusätzliche 50 Kilogramm können den Kraftstoffverbrauch um zwei Prozent erhöhen.

BRINGEN SIE IHR AUTO REGELMÄSSIG ZUM SERVICE und profitieren Sie durch Treibstoffeinsparung. Ein schlecht gewarteter Motor kann die Kraftstoffeffizienz um zehn Prozent verringern.

VERWENDEN SIE DEN RICHTIGEN GANG Schalten Sie so rasch wie möglich in den höchsten Gang, ohne stärker als nötig zu beschleunigen. **Vermeiden Sie, dass der Motor** in hohem Gang

FAHREN SIE BEWUSST

Fahrten von weniger als drei Kilometern verursachen pro Kilometer die meiste Luftverschmutzung: Ein kalter Motor erzeugt 60 Prozent mehr Abgase als ein warmer. **Fragen Sie sich, ob Sie wirklich mit dem Auto fahren müssen**, bevor Sie das nächste Mal ins Auto steigen. **Vermeiden Sie Stoßzeiten** und **machen Sie bei einer Fahrt mehrere Besorgungen**, denn dadurch sparen Sie Zeit, Mühe und Geld.

Bei **80 km/h** verbraucht man um **30 Prozent weniger Treibstoff** als bei **110 km/h**.

läuft, wenn Sie bergauf fahren, denn dadurch steigt der Treibstoffverbrauch. Falls Sie mit Automatikgetriebe fahren, nehmen Sie das Gas zurück, sobald das Auto in Fahrt kommt, damit die Kraft rasch und sanft übertragen wird.

SANFTER FAHRSTIL Studien haben gezeigt, dass ein durch rasches Beschleunigen, hohe Geschwindigkeit und hartes Abbremsen charakterisierter Fahrstil die Fahrtzeit im Durchschnitt um vier Prozent verringert, während der Treibstoffverbrauch um 40 Prozent steigt. Vermeiden Sie unnötige Geschwindigkeitsveränderungen, indem Sie Abstand halten und schrittweise langsamer werden, wenn Sie sich einer Kreuzung oder Verkehrsampel nähern. **Ziehen sie Schuhe mit weichen Sohlen an**, damit Sie die Pedale besser spüren.

DREHEN SIE DIE KLIMAANLAGE AB, denn sie kann den Treibstoffverbrauch im Stadtverkehr um 20 Prozent erhöhen. **Kurbeln Sie stattdessen die Fenster herunter**, wenn es drückend heiß ist. Bei Geschwindigkeiten über 70 km/h ist es wirksamer, **die Lüftung einzuschalten**, als die Fenster herunterzukurbeln, da bei höheren Geschwindigkeiten offene Fenster den Luftwiderstand vergrößern.

WARTUNG

Zusätzlich zum regelmäßigen professionellen Service gibt es eine Reihe von Wartungsarbeiten, die Sie selbst durchführen können, um die Treibstoffleistung zu optimieren:

- **Sorgen Sie für den richtigen Reifendruck**, und überprüfen Sie die Reifen alle zwei Wochen. Fahren mit zu wenig Reifendruck erhöht den Widerstand gegen die Fahrbahnoberfläche, wodurch der Motor mehr Leistung erbringen muss und mehr Treibstoff verbraucht. Außerdem werden die Reifen schneller abgenutzt, was sich auf die Handhabung des Fahrzeugs auswirkt.
- **Überprüfen Sie die Ölmenge**, und verwenden Sie Motoröl mit der empfohlenen Güteklasse. Ein gut geschmierter Motor verbraucht weniger Treibstoff.
- **Suchen Sie nach undichten Stellen in der Ölleitung**, und reparieren Sie sie umgehend.
- **Tauschen Sie verstopfte Luftfilter aus**, die die Leistung des Motors verringern. In Gebieten mit überdurchschnittlicher Luftverschmutzung können die Filter rascher verstopft werden.

!

Alle **10 000 Kilometer**, die ein durchschnittliches Auto fährt, erzeugt es **sein Eigengewicht an CO_2**.

✓

Ein Auto, das **im fünften Gang mit 65 km/h** fährt, verbraucht rund **25 Prozent weniger Treibstoff** als mit derselben Geschwindigkeit im **dritten Gang**.

!

Auf den Straßen der Welt gab es **im Jahr 2007 600 Millionen Privatautos**. Laut Prognosen werden es **2050** bis zu **2,7 Milliarden** sein.

Pro eingespartem **Liter Benzin** werden **zwei Kilogramm CO_2** weniger ausgestoßen. Deshalb macht jede Verringerung des Treibstoffverbrauchs einen Unterschied aus.

✓

Wenn nur **ein Prozent aller Autobesitzer ihre Fahrzeuge fachgerecht warten lassen**, gelangen über **400 Millionen Kilogramm CO_2** weniger in die Atmosphäre.

✓

In Holland bildet das **energiesparende Autofahren einen Teil der Führerscheinprüfung**. Großbritannien plant, dem Beispiel ab 2008 zu folgen.

✓

✓

Der Verzicht auf **einen Fünf-Stunden-Flug**, verringert Ihren CO_2-Ausstoß um eine Tonne, das entspricht bei einer Strecke von je 15 Kilometern **160 Tage Pendeln**.

!

Da beim Start ungleich mehr Treibstoff verbraucht wird, ist der ökologische Fußabdruck bei **Kurzstreckenflügen** bis zu 25 Prozent größer als bei **Langstreckenflügen**.

!

In diesem Moment sind rund **12 000** Zivilflugzeuge in der Luft.

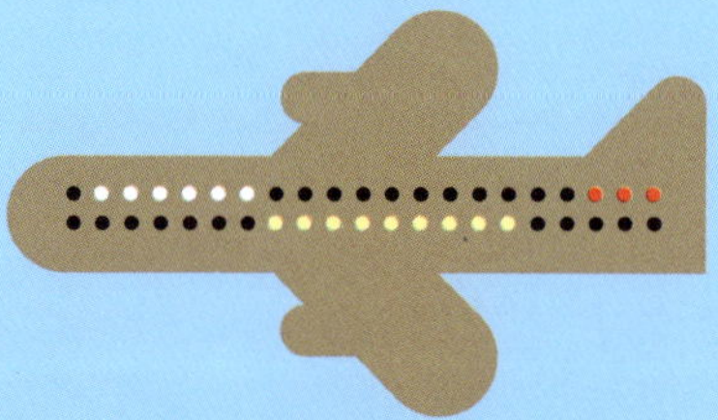

Flugpassagiere (weltweit):

1985 – 0,9 Milliarden

2005 – 2 Milliarden

2025 – 4,5 Milliarden (Prognose)

In Europa sind die Strecken bei 45 Prozent aller Flüge kürzer als 500 Kilometer, liegen also innerhalb der Kapazität eines Hochgeschwindigkeitszugs.

!

Fährt man die Strecke Berlin-Prag im Zug, wird nur **ein Siebentel** der Menge an Kohlenstoff erzeugt, die ein Flugzeug auf derselben Strecke ausstößt.

✓

Ein Flugzeug verbraucht so viel Treibstoff (und erzeugt so viel CO_2), als würde **jeder Passagier an Bord** dieselbe Entfernung **im eigenen Auto zurücklegen**.

!

Zwischen 1990 und 2004 stieg die Zahl der Fluggäste in Großbritannien um 120 Prozent an. Der durch die Luftfahrt verursachte **CO_2-Ausstoß verdoppelte sich**.

!

REISEN OHNE FLUGZEUG

10

Es ist schwer zu akzeptieren, aber auf unnötige Flüge zu verzichten ist vielleicht die wichtigste Maßnahme, um Ihren ökologischen Fußabdruck zu reduzieren.

GENIESSEN SIE DIE KUNST DES LANGSAMEN REISENS und betrachten Sie die Fahrt als Teil des Erlebnisses. Vermeiden Sie den Stress beim Sicherheitscheck und bei der Gepäckausgabe. Sie werden erkennen, dass auf Strecken von einigen Hundert Kilometern fluglose Reisen oft schneller sind. **Planen Sie** mit der Webseite Man in Seat 61 (www.seat61.com) **weltweite fluglose Reisen**.

FAHREN SIE BAHN Züge stoßen pro Passagier um zwei Drittel weniger CO_2 aus als Flugzeuge.

REISEN SIE AUF EINEM FRACHTSCHIFF Sie sparen Geld, besuchen Plätze, die der Durchschnittstourist nie zu sehen bekommt, und verringern deutlich den ökologischen Fußabdruck der Reise. Oder heuern Sie auf einem Segelschiff an. **Vermeiden Sie Kreuzfahrtschiffe**, die mit energievergeudenden Extravaganzen ausgestattet sind.

WARUM SCHADET FLIEGEN DEM PLANETEN?

Neben dem Ausstoß von drei bis vier Prozent der durch Menschen verursachten CO_2-Emissionen tragen Flugzeuge noch auf andere Arten zum Klimawandel bei, denn sie stoßen unter anderem Stickoxide aus, die das Treibhausgas Ozon bilden. Weil das in großer Höhe geschieht, werden die Auswirkungen noch verstärkt. **Der Erwärmungseffekt der Luftfahrt ist 2,7-mal größer als der Temperaturanstieg, der allein auf den CO_2-Ausstoß zurückzuführen ist**. Die Tatsache, dass die **Luftfahrt die am raschesten wachsende Quelle für Treibhausgasemissionen ist** und jährlich um rund fünf Prozent zunimmt, verschlimmert die Situation noch zusätzlich. Wenn der Flugverkehr mit derselben Geschwindigkeit ansteigt, müssen wir fast alle anderen Emissionsquellen ausschalten, um die nötige Verringerung der Emissionen zur Einschränkung der Klimaerwärmung auf zwei Grad Celsius erreichen zu können.

10

CAR-SHARING & AUTOCLUBS

Teilen Sie Ihr Auto mit anderen oder treten Sie einem Autoclub bei. Sie sparen Geld und Mühe und verringern Ihren ökologischen Fußabdruck beträchtlich.

NACHBARSCHAFTLICHES TEILEN Falls Sie mit Ihren Nachbarn gut auskommen, teilen Sie die Kosten und Pflege eines Autos.

NEHMEN SIE JEMANDEN MIT Würde jeder Mensch, der allein zur Arbeit fährt, einmal pro Woche jemanden mitnehmen, würde das Verkehrsaufkommen um 12 bis 15 Prozent sinken.

ORGANISIEREN SIE FAHRGEMEINSCHAFTEN, oder verlinken Sie sich über **spezielle Webseiten** mit Menschen, die dieselbe Strecke fahren.

TRETEN SIE EINEM AUTOCLUB BEI Sie bieten weltweit Mietautos an, die Sie einfach übers Telefon oder Internet buchen, so lang wie nötig benutzen, nach Stunden und Kilometern bezahlen und danach auf einem gekennzeichneten Parkplatz für den nächsten Benutzer abstellen können.

MIT GUTEM BEISPIEL VORAN

Firmen können viel zur Verringerung des ökologischen Fußabdrucks ihrer Angestellten beitragen. Schlagen Sie Ihrem Arbeitgeber folgende Strategien vor:

- **Organisieren Sie Gemeinschaftsautos** über das Intranet der Firma.
- **Geben Sie die Autoflotte der Firma in Zahlung** für eine gemeinsame Mitgliedschaft in einem Autoclub.
- **Bieten Sie Leistungszulagen** für kohlenstoffarmes Pendeln an wie einen zusätzlichen freien Tag pro Jahr.

Mitglieder von Autoclubs fahren jährlich um **47 Prozent weniger Kilometer** als Autobesitzer.

!

In der EU sitzen in einem fahrenden Auto im Durchschnitt nur **1,2 Personen**.

✓

Ein durchschnittlicher Pendler verbrennt pro Jahr **1290 Liter** Treibstoff und erzeugt **3,4 Tonnen** CO_2. Durch Car-Sharing kann man diese Zahl auf die Hälfte reduzieren.

✓

Weltweit gibt es in über **600 Städten** Autoclubs.

!

Bei einer Strecke von **1500 Kilometern** stößt ein Familienauto mit einem Kraftstoffverbrauch von 6,7 Litern pro 100 Kilometer **300 Kilogramm** CO_2 aus.

Falls Sie **zweimal pro Woche mit dem Auto fahren**, können Sie **pro Jahr 2400 Euro sparen,** wenn Sie das Auto für eine Autoclub-Mitgliedschaft in Zahlung geben.

✓

Der Durchschnittsamerikaner gibt **18 Cent von jedem Dollar**, den er verdient, für den Kauf, die Wartung und das Fahren von Autos aus.

!

In Nordamerika versucht man durch **Vorrangfahrspuren** für Fahrzeuge mit zwei oder mehr Insassen einen Anreiz für Gemeinschaftsautos zu schaffen.

✓

Für die Erzeugung einer Gallone Benzin (3,78 l) braucht man **89 Tonnen Pflanzenmaterial** und **zehn Millionen Jahre**.

Der Dung der **8,5 Millionen amerikanischen Milchkühe** könnte dazu verwendet werden, genug **Biomethan** zu erzeugen, um **eine Million Autos anzutreiben**.

Um alle Fahrzeuge der Welt mit **Biotreibstoff** zu betreiben, bräuchte man **fünf- bis sechsmal** mehr Ackerland, als zur Zeit bewirtschaftet wird.

Weltweit werden derzeit **elf Millionen Fahrzeuge mit Flüssiggas betrieben**.

Schweden besitzt eine Flotte von **8000 mit Biomethan betriebenen** Bussen und Müllwägen. Seit 2006 teilt das Land seine Sachkenntnis mit Kalifornien.

Brasilien ist der weltgrößte Produzent von **Bioethanol**. **37 Prozent** der im Jahr 2004 erzeugten **41 Milliarden Liter** wurden in Brasilien hergestellt.

Wasserstoffbrennzellen könnten eine langfristige Lösung bieten, falls eine nachhaltige Methode zur Wasserstoffgewinnung gefunden wird.

Die USA erzeugen jährlich mehr als **zehn Milliarden Liter Pflanzenölabfall**. Das entspricht einem Prozent des nationalen Verbrauchs.

10

TREIBSTOFF-ARTEN

Fossile Brennstoffvorräte schwinden, und angesichts der wachsenden Probleme des Klimawandels läuft das Rennen um die beste kohlenstoffarme Alternative.

WÄHLEN SIE DIESEL STATT BENZIN Dieselmotoren sind treibstoffeffizienter und erzeugen bis zu 40 Prozent weniger CO_2 als Benzinmotoren. Sie stoßen aber mehr Stickoxid und Feinstaub aus. Wenn Sie ein Dieselauto kaufen, **vergewissern Sie sich, dass es einen Feinstaubfilter hat**.

GEÖLTER BLITZ Falls Sie ein altes Dieselauto haben, lassen Sie es umbauen, damit es mit altem Pflanzenöl aus Fabriken betrieben werden kann.

RÜSTEN SIE IHR AUTO AUF FLÜSSIGGAS UM Es ist leicht erhältlich und erzeugt ungefähr gleichviel CO_2 wie ein Diesel, aber weitaus weniger Stickoxid und Feinstaub. Eine weitere Möglichkeit ist **komprimiertes Erdgas**. Es ist noch sauberer als Flüssiggas und in manchen Ländern wie Italien, Indien und Argentinien bereits sehr beliebt, bis jetzt aber noch nicht weltweit erhältlich.

BIOTREIBSTOFFE

Jedes organische Material kann zu Biotreibstoff wie **Biodiesel** und **Bioethanol** unmgewandelt werden. Da diese Brennstoffe aus erneuerbaren Rohstoffen wie Pflanzenöl hergestellt werden, sind sie theoretisch kohlenstoffneutral, weil das bei der Verbrennung ausgestoßene CO_2 durch das Wachsen der Pflanzen wieder absorbiert wird. Aber es gibt zu wenig Land zur Herstellung ausreichender Mengen, um einen signifikanten Anteil des Treibstoffbedarfs zu decken, ohne die Nahrungsmittelproduktionen zu beeinträchtigen.

Biomethan ist ein Gas, das aus Materialien wie Abwasser, Silofutter und Küchenabfällen hergestellt wird und weniger CO_2 produziert als jeder andere Treibstoff. Um Benzin und Diesel zu ersetzen, bräuchte man aber eine völlig neue Infrastruktur aus Biomethan-Tankstellen. Biomethan hat ein großes Potenzial als Treibstoff für öffentliche Verkehrsmittel, Autoflotten und Landwirtschaftsmaschinen.

10

AUTOS

Beim Kauf eines Autos sollten Sie darauf achten, dass es die Umwelt weniger belastet als sein Vorgänger (und überlegen, ob Sie wirklich ein Auto brauchen …).

WÄHLEN SIE DAS KLEINSTE AUTO MIT DEM SCHWÄCHSTEN MOTOR Suchen Sie das Auto mit den geringsten Emissionswerten, und sparen Sie beim Treibstoff und bei der Steuer.

KAUFEN SIE EIN ELEKTROAUTO Wenn Sie es mit erneuerbarem Strom (S. 13) aufladen, erzeugt es 97 Prozent weniger Emissionen als ein Benzinauto. Kleine Elektroautos haben einen durchschnittlichen Kraftstoffverbrauch von 0,4 Litern pro 100 Kilometer. Die Batterietechnologie begrenzt ihre Reichweite jedoch auf 80 Kilometer.

DAS BESTE AUS BEIDEN WELTEN Probieren Sie ein Hybridauto aus, um Effizienz und Reichweite zu vereinen. Hybridautos werden bei niedrigen Geschwindigkeiten mit Strom, bei hohen Geschwindigkeiten mit Benzin betrieben. Die Batterie lädt sich beim Bremsen und Bergabfahren wieder auf.

DAS GERINGSTE ÜBEL

Es gibt streng genommen kein »grünes Auto«, denn auch zur Herstellung sparsamer Modelle werden große Energie- und Rohstoffmengen benötigt. Außerdem brauchen Autos eine umweltzerstörende Infrastruktur aus Straßen und Parkplätzen. Die norwegische Regierung hat deshalb mit der Begründung, dass **»Autos für die Umwelt nichts tun können, außer weniger Schaden anzurichten als andere«**, alle Werbungen verbannt, die auf die »grünen« Referenzen von Autos verweisen.

Welches Auto Sie auch wählen, nehmen Sie sich vor, es **wenig zu benutzen** und **öfters zu teilen!**

Wählen Sie ein Modell mit Handgetriebe. Wenn Sie die Prinzipien des energiesparenden Autofahrens befolgen, sind Modelle mit Handschaltung effizienter als Autos mit Automatik.

Minimieren Sie zusätzliche Geräte wie Satelliten-Navigationssysteme. Sie vergrößern das Gewicht und saugen an der Batterie, wodurch sich der Kraftstoffverbrauch verringert.

Sie können jährlich **eine Tonne CO_2** einsparen, wenn Ihr neues Auto nur um **1,17 Liter pro 100 Kilometer effizienter** ist als Ihr derzeitiger Wagen.

Ein **Stop-Start-System**, das den Motor jedesmal abstellt, wenn Sie stehen bleiben, und mit Batteriestrom wieder anfährt, kann die **Treibstoffeffizienz um 15 Prozent erhöhen**.

Große **Geländefahrwagen** verbrauchen in der Herstellung um 50 Prozent mehr Energie und produzieren rund 50 Prozent mehr CO_2 pro Kilometer als ein durchschnittliches Auto.

Hybrid- und Elektroautos sind von der Londoner **Stausteuer ausgenommen** (S. 107) und **ziehen** in den USA **Einkommenssteuererleichterungen nach sich**.

DAS GROSSE GANZE

Wir können auf viele Arten zur Verringerung des ökologischen Fußabdrucks beitragen. Um die nötigen Veränderungen zur Vermeidung der schlimmsten Folgen des Klimawandels herbeizuführen, bedarf es aber Aktionen in allen Gesellschaftsschichten.

SCHREIBEN SIE AN ABGEORDNETE, um für Gesetzesänderungen hin zum Übergang zu einer umweltfreundlicheren Gesellschaft einzutreten.

WÄHLEN SIE die Partei mit dem stärksten Engagement im Kampf gegen den Klimawandel.

WERDEN SIE AKTIV Sammeln Sie Unterschriften für Gesetzesänderungen, und treten Sie einer lokalen Umweltorganisation bei.

ÜBERZEUGEN SIE DIE SKEPTIKER Es ist zwar gut, seinen eigenen Fußabdruck zu verringern, aber es ist noch besser, auch andere zu überzeugen.

TRETEN SIE EINER UNABHÄNGIGEN ORGANISATION (NGO) BEI, die für Maßnahmen gegen den Klimawandel eintritt.

UNTERSTÜTZEN SIE ENERGIESPARGEMEINDEN

Lassen Sie sich von den vielen Orten auf der ganzen Welt inspirieren, die sich bereits auf dem Weg zu einem Lebensstil mit geringem Kohlenstoffausstoß befinden:

- **Ashton Hayes** im ländlichen Cheshire, das zum ersten »kohlenstoffneutralen Dorf« Großbritanniens werden will
- Das wachsende Netz aus **»Übergangsstädten«**, wie Totnes in Devon (Großbritannien), die versuchen, die Abhängigkeit von fossilen Brennstoffen zu reduzieren
- **Boulder** (Colorado), wo Amerikas erste »Klimasteuer« eingeführt wurde
- **Stockholm** (Schweden), das mit Biotreibstoff-Heizungen, biogasbetriebenen Bussen und Gemeindefahrzeugen bis 2050 frei von fossilen Brennstoffen sein will
- **450 US-amerikanische Städte** (mit über 62 Mio. Einwohnern), deren Bürgermeister eine Vereinbarung zur Verringerung der Emissionen getroffen haben.

!

Bis zum Jahr 2080 wird der Anstieg des Meeres das Leben von **70 Millionen** Afrikanern gefährden, die am wenigsten für den Klimawandel verantwortlich sind.

Überdenken Sie Ihre Finanzen. Erwägen Sie, Ihre Investitionen, einschließlich Ihrer Hypothek, in einem Fonds anzulegen, der Maßnahmen gegen den Klimawandel fördert.

✓

Städte verursachen 80 Prozent des CO_2-Ausstoßes. Die größten Städte der Welt gründeten die Gruppe der **C40**, um gemeinsam gegen den Klimawandel vorzugehen.

✓

81 Prozent der US-Bürger stimmen der Aussage zu, dass es ihre Verantwortung sei, bei der Reduktion der globalen Erwärmung mitzuhelfen.

✓

Investitionen in erneuerbare Energie könnten innerhalb der nächsten zehn Jahre weltweit 3,3 Millionen Arbeitsplätze schaffen.

✓

WEITERFÜHRENDE LITERATUR & NÜTZLICHE LINKS

BIBLIOGRAFIE

Dennis und Donella Meadow, Jörgen Randers, *Grenzen des Wachstums: Das 30-Jahre-Update*. Hitzel Verlag, 2006

Eike Wenzel, Anja Kirig und Christian Rauch, *Wie der grüne Lifestyle Märkte und Konsumenten verändert*. Verlag Redline Wirtschaft, 2008

Ingrid Wurst, *Aus alt mach neu: Recycling-Basteln für Kinder*. Frechverlag, 2003

Jill Jäger, *Was verträgt unsere Erde noch*. Fischer Taschenbuch Verlag, 2006

John Houghton, *Globale Erwärmung*. Springer, 1997

Hans-Jürgen Berger, *Kompostieren in der Tonne*. Pala, 1996

Mathis Wackernagl, William Rees, *Unser ökologischer Fußabdruck*. Birkhäuser, 1997

Martin Jauch, *Kompostieren, so geht's*. Franckh-Kosmos, 1996

James E. Lovelock, *Warum die Erde sich wehrt*. List, 2007

Werner Nickel, *Recycling-Handbuch*. Springer, 1996

NÜTZLICHE WEBSITES

Abfall

Abfallberatung (www.abfallberatung.de)

Abfallinfo Schweiz GmbH (www.abfall.ch)

VABÖ-Verband Abfallberatung Österreich (www.vaboe.at)

Berechnung des ökologischen Fußabdrucks

Dein CO2-Fußabdruck (www.gruenes-klima.de/alltagstipps/kohlenstoffrechner-dein-co2-fussabdruck)

Kohlenstoffrechner (www.mycarbonfootprint.eu/de)

Mein Öko-Footprint (www.generationblue.at)

World Wildlife Fund (www.footprint.ch)

Einkaufen

Ökoprodukte (www.umweltdatenbank.de/oekoprodukte.htm)

Freecycle Deutschland (www.de.freecycle.org); weltweites Verschenk-Netzwerk von Dingen, die nicht mehr gebraucht werden

Portal für öko-fairen Handel (www.oeko-fair.de)

Energiesparen und Produkte

Energiespartipps (www.energiespartipps-online.de; www.energie-verstehen.de; www.energiespartipps.at)

Energiesparprodukte (www.energiespar-produkte.de; www.energiesparprodukte.at; www.energiesparprodukte.com; www.energie-richtig-sparen.de; www.thema-energie.de)

Stromverbrauch senken
(www.steckdose.de)
Smartpower-Onlineshop
(www.energiesparprodukte.net)
WattStopper
(www.wattstopper.com)

Essen und Trinken

Biologische Ernährung
(www.vital-genuss.de)
Gemüsekiste
(www.gemuesekiste.de): Naturkostlieferservice
Schweizerische Vereinigung für Vegetarismus
(www.vegetarismus.ch)
Vegane Ernährungstipps
(www.vegan.de)

Information und Beratung

Bund für Umwelt und Naturschutz Deutschland (www.bund.net)
Europäische Umweltagentur
(www.eea.europa.eu)
Earthwatch Institute
(www.earthwatch.org)
Global 2000
(www.global2000.at)
Global Action Plan (www.globalactionplan.org.uk.uk): »Umwelthilforganisation«, die den Menschen dabei hilft zu Hause, in der Schule, am Arbeitsplatz und in den Gemeinden Veränderungen herbeizuführen
Greenpeace
(www.greenpeace.de; www.greenpeace.at; www.greenpeace.ch)
Öko-Institut
(www.oeko.de): Europaweite unabhängige Forschungs- und Beratungseinrichtung für eine nachhaltige Zukunft
Pro natura
(www.pronatura.ch)
Worldwatch Institute
(www.worldwatch.org): Führende Informationsquelle über Interaktionen zwischen Umwelt-, Sozial- und Wirtschaftstrends

Kinder

Biowindeln
(www.windelnkaufen.de)
BUND: »Öko-Schulen«
(www.bund-halle.de)
Ökologische Babyprodukte
(www.windelprince.ch)
Öko-Schulen
(www.ecolearning.org.uk)

Ökostromanbieter

Alpen Adria Energie AG
(www.aae-energy.com)
Greenpeace Energy
(www.greenpeace-energy.de)
Lichtblick
(www.umwelt-strom.de)
Oekostrom AG
(www.oekostrom.at)
Naturstrom AG
(www.naturstrom.de)
Unit Energy Europe AG
(www.naturstrom.de)

Verkehr

Energiesparendes Autofahren
(www.eco-driving.de)
Fahrradvereine und -verbände
(www.rad.de)
Nachhaltiges Reisen (www.reiselust-deutschland.de/10.html)
Ökotourismus
(www.sunsearch.de/Spezielle_Reisen/Oekotourismus/)

REGISTER